小資族
微薪大進擊！

財商□□□□□□□□□　□□　著

學校老師沒教的
賺錢祕密

掌握六大賺錢祕技，翻身千萬富翁不是夢！

推薦序

這本書是開啟右腦的啟蒙書

　　第一次見到派宏是在 2004 年的 12 月 22 日，參加 Money&You 課程，接著 2005 年 5 月 1 日參加 BSE 課程，當時派宏 26 歲，回臺三年後出書，書名為《房地產賺錢筆記》，瞬間他成為 26 刷的暢銷書作者，他開啟了一對一免費財務諮詢，到現在臺灣已有 3000 多位學員，他的影響力正在快速的擴大中。

　　富勒博士曾說過：「你願意服務愈多人，就能創造愈多財富。」而他就如同富勒博士所說的，在他創業的一路上願意提供更多的服務，讓更多人搭上這臺創富的順風車，幫助很多人像他一樣在房地產經營上達成財富自由，幫助他人成功，自己也就會更成功，這點在他身上再三驗證！我想，這也是他為什麼比同儕更早更快成功的最重要原因之一。

最近受派宏邀請為他的新書寫推薦序，實感榮幸。看到自己的學生本是農家子弟，在沒有任何背景的情況下，能在如此短的時間內，白手起家到現在的成就，真的很欣慰，為他感到驕傲！

在這個快速創新的時代，打造平臺整合資源，建立對的人脈圈，是非常重要的趨勢。在本書中大量收集許多不為人知的賺錢祕密，善用自己的優勢，找到市場利基，透過槓桿操作，用更少得更多，相信創造千萬財富不是夢。如何增加存款，提高收入？如何利用時間差賺進全世界的錢？如何掌握價差賺進八位數？如何建立3～5個事業體，為自己打造印鈔機？以上這些如果是你要的，本書就是為你而寫！

我相信派宏的成功並非偶然，他的許多想法和作法對現今年輕人極具借鑒價值。所以，我在此真誠向你推薦這本《學校老師沒教的賺錢祕密》，相信它能成為你邁向成功最重要的一本啟蒙書！

實踐家教育集團董事長　林偉賢

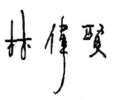

這本書，
教你成為有錢人，並避開風險

親愛的讀者朋友：

　　你們會拿起這本書並非偶然，你們也許跟我一樣，是家裡面最愛錢的那一個人！

　　從大學時的某一刻起（好吧！我的學生應該都知道，是從我失戀的那一刻起），我就知道我會無止境的變強，會不停的愈來愈有錢。於是，從大學時就看了近千本的理財書籍，跑去馬來西亞參加數十萬的八天八夜的課程，那時回來時還掛了三天點滴，後來進入房地產界、操作房地產，二十九歲就賺進近千萬，並且出了一本綠色的暢銷書《房地產賺錢筆記：人人都該上的 10 堂投資課》，到現在出來教課，累積的學生近萬人，這一切都

在我的意料之中！

　　從我開始離開職場之後，我就一直假設我是個窮人，即使這幾年我每年都比前一年多賺一倍的錢，一直愈變愈強，但我還是假設我很窮，為什麼？因為「窮則變、變則通」，這威力非常非常的強大。而「資訊的落差就決定財富的落差」，我的學生很多人每三個月就跟我見面一次，一直不停的吸收新的資訊，像我一樣，改變自己的思維，永無止境的追求額度，開始用右腦思考，絕對不要用左腦的方式來投資，那會非常非常的慘。

　　地球有數十億的人口，有無數的比較弱的教練曾經破產之後再成功，以致他教的課全部都是一樣的方法，並告訴所有的人，他當初就是破產一次才成功的，所以「每一個人都要先破產一次才可以成功」，導致後面的人都跟著他破產。

　　但我不同，我將所有的原理全部融會貫通之後，我跟自己講，我必須完美無缺的做所有人的表率，如果我破產過了我再教所有的人，我跟你保證，所有人都會先破產再成功，破產之後再成功的人只有一萬分之一的機

率，一萬個人就只有一個人成功，失敗了就再也沒有人
爬起來了。

　　讓你不破產就成功；這就是為什麼我要出現的原因，
也就是為什麼你會拿起這本書的原因。

財商教練　王派宏

一切的起始點，
都來自於你敢不敢作夢！

　　很快的又到了寫作者序的時候了，這是我的第二本書了，當初寫第一本書時，步履蹣跚的進度、絞盡腦汁的情形依舊在腦海中，沒想到，居然很順利的就前進到第二本書了！

　　關於這本書，我想告訴讀者們的是「一切的起始點，都來自於你敢不敢作夢」！──當你無法想像自己想要的夢想、想要去的地方、想要辦到的事情時，你就根本不可能開始去啟動大腦的自動導航模式！

　　我常覺得像祕密或世界最神奇的二十四堂課或其他的心靈財富的書，它們寫到的重點就在於──你是否能想像得到你想要的那個狀態。

　　人類的大腦就像一臺精密的電腦計算機跟硬碟，它可以將你輸入的東西作出最佳規畫跟記憶、分析，就像是你想著你要去到臺北 101 大樓喝咖啡，你的大腦立刻會開始運算，得出你要用什麼交通工具、什麼路線就可以到達你想去的 101 大樓。

　　致富也是一樣，你要從起始的時候就要敢於想像你想要達到的夢有多大，時時刻刻不要忘了，你的超級電腦就會開始為你規畫路徑哦！

　　所以，朋友們！ 停止再向你自己的大腦輸入：「錢夠用就好。」、「錢很難賺。」、「不要作夢了，這些跟你沒關係！」

　　當你有一天再參加高中同學會時，突然發現當時班上成績很差的同學，居然出社會混得比你好，賺了很多錢或成為了某某行業的老闆，千萬不要忌妒人家，因為課業成績跟出社會是兩回事，也許就因為他出社會沒有出路，所以就更敢於作夢、創業、投資！

　　一切的一切都只是差別於，你給自己設定了枷鎖。趕快沉澱下心靈，給自己設立一個目標吧！千里之行，起於腳下，每一點點的前進就離你的夢想更近囉！

最後，我真的要感謝我的教練兼好友 王派宏 以及最佳的出版經紀 廖翊君，謝謝你們！沒有你們就沒有這本書！

還記得在第一本書的推薦序裡，我的好友、空姐詩人林亞若特別兩肋插刀為我寫了推薦序，她給了我很多很多的陽光的一面、逐夢的勇氣，看著她談著夢想跟曾經歷過的事、地方時，臉上就散發著憧憬的光芒，或許當下她就心神飛向她想的地方了。記得當時還相約她去澳洲騎單車穿越沙漠回來後，我的書上市，就要請她去吃大餐的，可惜她沒能平安的回來，僅在此向她獻上我由衷的感謝。Rest in peace ！

同樣的，我還要感謝那些默默在背後幫忙我的朋友、夥伴，還有我的航海士娜美，雖然這次依然是她交代我一定要感謝她，而且還不能說是她教我寫的，但是，真的由衷的感謝你們！謝謝！

財商教練 林茂盛

目錄

祕密 1　賺錢之前，要懂的事

祕密 **2** **掌握價差，年輕也能賺百萬**

 祕密 **3** **房屋財，這樣賺**

 祕密 6 從無到有，這樣成為有錢人

祕密**1**

賺錢之前，
要懂的事

搞錯存錢順序，就存不了錢

　　想變有錢，沒有第一桶金，似乎很難錢滾錢。

　　偏偏，初入社會薪水不高，到底要怎麼存到錢呢？

　　但是，存到錢的關鍵在於，順序——搞錯存錢順序，就存不了錢！

　　月收入三萬的小陳告訴我，他是家中最愛錢的，從小，就立志出社會後要存下很多錢。

　　小陳告訴自己，每個月一定要存下一萬，他相信，只要他可以持續存下三分之一的收入，就比兄姊強，未來可以成為家中的領導者。

　　為了落實這件事，只要薪水一入帳，他每天都在心中默唸：「三萬塊，我要跟你挑戰！我一定要在月底前，存下一萬塊。」

第一個月過去，小陳發現，25 號時，三萬塊就花完了。

第二個月，一領到三萬塊，小陳又跟自己說：「我一定要挑戰在月底前存下一萬塊，即使不吃不喝也要存錢。」

這次撐得比較久，但 27 號時，錢還是用完了。

小陳來找我時，很納悶的說：「怎麼會這樣子？我充滿野心，而且我誓死要完成目標，這是我人生一個挑戰，如果我挑戰失敗，我在家中永遠都無法掌權，也沒有辦法成為家中的火車頭。明明我真的很省，為什麼還是一毛都存不下來？」

聽完小陳的話，我告訴他：「答案很簡單，因為你的順序錯誤了！」

變成有錢人的關鍵在於「順序」，只要順序對，威力就會變強。

「小陳，如果你想要存到錢，記得：想要的東西要

先拿。」

「我是想存一萬塊，可是要怎麼先拿？」小陳一頭霧水。

「如果你想要存一萬塊，順序應該是一領到薪水時，就立刻先將一萬塊另開戶頭存起來，然後才是對自己喊話：『我要挑戰兩萬塊到月底前，不吃不喝也要守住。』」我回答。

聽了我的建議，小陳腦海中立刻想像著「一萬元專戶」持續累積愈來愈多的感覺，帶著一臉滿足的笑容離開。

次月的二十五號，我接到了小陳的求救電話：「老師，我不行了，兩萬元全部用完了，怎麼辦？」

「喔，很簡單，你就從一萬塊專戶中領錢出來，剩五天就月底，那就吃泡麵吧，連續吃個幾天！這樣至少還能存到幾千塊，比起前面幾個月，你還是成功了！」

聽了我的話，原本語氣充滿擔心的小陳，突然有一種「大解放」的 feel，這可是第一次真真實實的存下錢

呢！

「老師，以後我會想辦法每個月都存到一萬元，甚至我想挑戰存更多更多！」小陳的挑戰個性又出現了。

「嗯，還是先存三分之一就好。」

富勒博士曾經做過這樣的一個統計，他挑了一百位很會存錢的人，並記下他們的存錢方式，統計後得到一個結論：人們一領到錢，平均存百分之三十是合理的。

這個結果告訴我們，如果想要挑戰極限，比如挑戰存百分之六十，那麼，肯定是「物極必反」，最後反而一塊錢都存不下來。

科技始終來自於人性，只要是人，就有人類的人性，一領到錢，最多存百分之三十，其他的百分之七十，則用來過生活──這樣的方式是可以接受的，而且，每個月總會有一些需要多花費的事情出現，所以很難全部成功（一年中有十個月成功，已經很了不起了），假如有債務，那麼，就要改以「百分之十存錢，百分之二十還債，百分之七十過生活」的方式來進行理財規畫，這樣，

才不會讓自己天天都活在存錢的痛苦之中。

石頭與沙子，弄錯順序差很大

　　曾經看一個故事是這樣的：有位教授在兩個桶子裡放兩顆大石頭，然後問學生：「除了這兩個大石頭以外，還可以再放下更多的石頭嗎？」

　　學生看看桶子的空間，搖頭說：「已經不行了，已經滿了，沒辦法再放了。」

　　此時，教授拿了一些中等大的石頭，置入桶子中。

　　這下子，桶子看起來是滿的沒錯。

　　於是教授又問學生：「請大家看一下，桶子是不是已經滿了？」

　　學生篤定的回答：「滿了，沒辦法再放更多了。」

　　教授笑一笑，拿出了一包沙子，將沙子倒入桶子內。

　　現在，桶中除了有大石頭，小石頭下，還填滿了沙子。

　　「各位，你們覺得桶子已經滿了嗎？」

「絕對滿了，再也無法堆下更多的細沙了。」

當學生們等著看教授如何接續時，只見教授拿出水往桶子內一倒……

關於這個故事，大部分的人解讀是「別說不可能」。不過，從另外一個角度來想，這個故事還可延伸兩件事：時間管理和順序。

每個人一天都是２４小時，再怎麼不夠用，只要你願意，都可以再擠出時間，就跟海綿已經碰到水之後，怎麼樣都可以擠出水一樣，決定點在於，你願不願意？

此外，在這個故事中，順序也很重要，想想，如果這兩顆大石頭一開始沒放進去，就再也放不進去了。人生也是一樣，順序不同，結果當然也會不同！

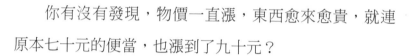

懂得降低物價，存更多

　　你有沒有發現，物價一直漲，東西愈來愈貴，就連原本七十元的便當，也漲到了九十元？

　　在薪水不漲，物價直漲的年代，除了要存錢，學習財商外，如果懂得「降低物價指數」的方法，支出也會跟著變少，如此存下的會更多。

　　在此，我提供三種降低物價指數的方法，希望協助讀者朋友們在看了這一篇之後，可以用自己的專長和經驗來開拓出更多屬於你的降低物價指數法。

麥當勞指數打工法

　　幾乎沒有小朋友不喜歡麥當勞。

　　臺灣麥當勞一小時工資是 108 元到 109 元；澳洲的

麥當勞一小時工資是 510 元。由此可知，在澳洲麥當勞打工，收入是臺灣的五倍。

　　澳洲的麥當勞，一杯熱紅茶要價 90 元，臺灣一杯 30 元，算下來，澳洲物價是臺灣的三倍。

　　如果以此比例套入薪水來看，假設一個月薪水在臺灣是三萬元，在澳洲收入就是十五萬，而每個月的物價是九萬元，相減後可以存下六萬元，這也就是為什麼很多人臺灣年輕人會到澳洲打工存錢的原因。

　　一位朋友因為信用有瑕疵，為了多賺些錢，他申請澳洲讀書簽證，一邊讀書一邊打工。

　　澳洲的收入是臺灣的五倍到六倍，澳洲的達爾文是六倍；他們加班費是 1.8 倍，我們加班費才 1.3 倍——光是這兩個特質，朋友常在假日拚命加班，盡量存錢。

　　試算一下，臺灣每個月三萬元的月薪，在達爾文可到 18 萬元，即使扣除當地物價九萬元，每個月能存下錢為九萬元，比臺灣多很多。

　　所以，要出國打工，一定要懂得算薪水和物價。

再以美國華人街為例，在美國華人街打工，收入是我們四倍，物價也是四倍，聽起來沒有什麼存錢的機會，不過別忘了，如果你懂得使用ＤＨＬ，將對方需要的東西寄過去，照樣可以賺取一筆費用。

物資交換法

在沒有貨幣的年代，通常是「以物易物」——現在，你也可以使用這個方式降低物價指數。

小Ｘ是我們的學員，他覺得在公司上班要被人管，收入又不高，於是，熱愛自由的他，辭掉工作後，在士林夜市開了一家飲料店。

頗有財商頭腦的小Ｘ，在開店前就印好了兌換卡，告訴客戶，只要集滿卡上的章（五十元），就可以換750cc的冬瓜茶、紅茶或綠茶。如果希望換其他飲料，則打五折。

由於飲料的成本很低，不管是直接換或是換其他的飲料，對於小Ｘ來說，都有賺錢。

假設一個月後，小Ｘ與附近賣衣服老闆娘熟了，他就可以開始使用降低物價指數法，告訴老闆娘：「你每天會來我這邊買兩杯飲料，一個月等於買了六十杯。」

　　「對啊！」

　　「六十杯乘以一杯五十塊，是不是三千塊？」

　　「也是耶，我每個月在你這邊花了三千塊。」

　　「我們來打個商量，好不好？」

　　「什麼商量？」

　　「你是賣衣服的，如果你有一件市價兩百元的Ｔ恤，那麼，我能不能用飲料交換你的衣服？」

　　「當然可以啊！」老闆娘心想，市價兩百元的Ｔ恤，成本才四十而已，本來每個月要花三千塊買飲料，如果可以用三千塊的衣服全部換走，成本才五分之一而已！等於只有花六百塊的衣服的成本，就可以拿走本來屬於三千塊的飲料，當然ＯＫ！

　　「我是ＯＫ啦，但這對你不利喔！你確定要換？」

　　「對！」

「好，那就換。」

就這樣，小X對於常來的熟面孔，都會問一下他們是賣什麼的，並且記錄消費的金額。

繼服裝店老闆娘後，下一位是麵攤的阿伯，接下來還有很多很多。

就這樣，小X每個月至少換了十幾萬的東西，但他的成本只有一萬塊，如此一來，就可以降低自己和家人的物價指數，所以，小X的家人，所有的錶都是夜市牌電子表，所有的衣服都是夜市牌衣服，所有鞋子都夜市牌的鞋子，日常用品也是夜市牌，所以他說，每個月至少省下五萬塊的支出，一家五口就可能省下十萬塊，這樣以物易物不但降低物價指數，也能存下更多錢，對他的幫助非常大。

專長交換法

看了前面兩個例子，相信讀者朋友們更了解降低物價指數的原理。

除了物質外，你也可以用「專長」來思考如何降低物價指數。

　　現在，請在下面這個空白行中，寫下你目前最有價值的專長是什麼？你要如何定價？

　　例如，如果你會理頭髮，你願意以此與人做交換；或者你很會打掃房子？都可以寫下來。

專長：

訂價：

　　當你心目中有個底後，遇到有其他需要你的專長的人時，就可以開口將你的專長與別人交換，一直換下去，就可以雙向調節，而與你交換的人，如果欣賞你的專長，也會幫你推薦，所以，一開始只是為了降低物價指數與人交換，到了某種程度時，是有機會擁有更多收入。

　　只要你願意曝光，講出你的專長，並說：「我不是

要跟你收錢，我要跟你交換。」你會發現，還真有不少人願意跟你換喔！

跨國降低物價指數法

還記得一開始時，我提到的「麥當勞指數打工法」嗎？

這個方法的精神，是到薪資高的國家打工，雖然該國的物價也高，只要加減一下，就能算出可以存到多少錢。

那麼，如果你到的地方，物價比臺灣低，要怎麼辦呢？

有一位學員曾經調派到越南工作，發覺越南的物價比臺灣低很多，當他回到臺灣後，就固定每個月請他同事將越南的東西寄來臺灣。

原本，一個月賺三萬花三萬，現在，雖然一個月還是賺三萬，但因為使用的是越南牌的衣服、越南牌的鞋子，所以支出只有一萬，但是生活品質沒有下降。

所以，這名學員從一個月賺三萬花三萬，變成一個月賺三萬花一萬，就可以存下兩萬塊，我們稱之為「用跨國的方式降低物價指數」，真的很好用。

超級祕密

利用物價指數，可存到最多錢的國家是？

盧森堡是世界人均收入前幾高的國家，遺憾的是，盧森堡對於開放打工這件事情尚稱保守，不像澳洲這麼願意開放，所以，如果你有機會到盧森堡打工，可進一步了解看看。

三款遊戲，
加強你的財務智商

你是否聽過桌遊？

簡單來說，桌遊就是桌上遊戲，比如撲克牌、大富翁，都是桌上遊戲的一種。

什麼情況下，你會玩桌上遊戲？

如果純粹是為了打發時間，倒不如將這個時間，用來增加你的財務智商。

在這邊，我想介紹三款可協助讀者朋友們加強財商的遊戲。

從大富翁中，學習市占率和周轉率

相信很多朋友從小都玩過大富翁遊戲。

大富翁遊戲的理念很簡單，就是只要換算投資報酬率是值得的就可以投資，所以，內行的玩家會一直買房子、一直投資，想辦法讓四個綠房子換一個紅房子。

大富翁的精髓是「市占率第一會大賺」、「周轉率快的會大賺」。而四個綠房子換一個紅房子，就是在做出「市占率」和「周轉率」。

舉個例子來說，如果你成為奧運選手第一名，你會得到一千萬的獎金，還有三千萬的代言費，總共就是四千萬；但奧運選手第二名，雖然只差第一名零點幾秒而已，第二名就是第二名，沒有代言費，獎金也只有五百萬。整個結算下來，第一名會比第二名強八倍，要做就要做第一名。

所以，當你在猶豫要從騎腳踏車變摩托車時，要趕快換摩托車；當你有四個綠房子準備可以換紅房子要立刻換，要立刻升級，千萬不要停留在之前的等級，一定要愈變愈強！

現金流遊戲，讓你離開沒錢迷宮

對於投資理財有概念的朋友們，一定都聽過《富爸爸窮爸爸》所創的現金流遊戲。這個遊戲的概念很簡單，即：四十倍法則。

首先，一開始要先想辦法累積四十倍的存款。

存款的算法，是一開始當你翻出一個職業卡的時候，就從此職業支出的四十倍來計算。假設你翻出來的職業每個月支出一萬元，就要想辦法累積支出的四十倍的存款，即手邊要有四十萬的存款。

當你手邊有四十萬的存款的時候，才可以開始投資，一旦將這四十萬元花完的時候，原則上就財務自由了。

要財務自由，必須讓非工資收入大於總支出，否則你會發現，自己就像白老鼠一樣，一直在這個錢的迷宮中跑來跑去，無法財務自由。

而當你體會到非工資收入的重要性時，在你的日常生活中，也會對於非工資收入更敏感，有助於財務智商的增長。

商戰人生，將實務引於遊戲

和大富翁、現金流遊戲比較起來，商戰人生遊戲的知名度雖然不高，卻是我眼中的高階財商遊戲，它的創始人月風，同時也是一位以房地產和股票、期貨聞名的年輕人。

在商戰人生遊戲中，將教會你房地產、期貨、額度還有槓桿，相當於將一個人在人生中可能接觸到的投資面向都設計在內了，讓玩家可以先模擬一番，對於尚未實際進行投資，或已進行投資但一直處於魯蛇情況下的人，幫助非常大。

在此建議，讀者朋友們務必玩過這三款遊戲，在「學校老師沒教的賺錢祕密」社團和月風的社團「富豪居」中，都會不時的舉辦現金流及商戰人生的遊戲，如果讀者朋友們有興趣了解，也非常歡迎參加。

避開風險，錢財不流失

請問，你知道謄本嗎？

你申請過謄本嗎？

你曉得第二類謄本的功能嗎？第二類謄本記載房屋的地籍、權狀內容、貸款金額、異動及屋主地址等資料，除了可以瞭解土地、建物、地價、貸款的情況外，還能避免錢的流失嗎？

在一次演講上，阿志舉手問：「『跟會』到底好不好？」

現在的年輕人，很少在跟會，阿志的問題，也引起了我的興趣。

「不是我要跟啦，是我爸爸。」阿志提到，數天前，

堂伯跑來找阿志爸爸說：「我要起一個會，要不要跟？利息很高喔！」

堂伯和阿志爸爸從小就玩在一起，感情很好，加上堂伯的生意做的好像不錯，阿志爸爸也非常的心動。

「我覺得怪怪的，可是又沒辦法教我爸爸不要跟，我很擔心萬一日後有問題怎麼辦？」阿志問。

「如果擔心的話，那就趕快去申請謄本。」我回答。

我們每一個人，都可以向戶政事務所，申請全臺灣任何一個住址的第二類謄本。

也就是，即使你住在臺北市，也可以去將臺中，高雄，甚至金門的房子謄本請出來——就算房子不是你的，都可以請。

在第二類謄本上，有與這戶房子相關的金錢記錄，有沒有借貸，全部看得一清二楚。

幾天後，阿志告訴我，他真的將堂伯三間房屋謄本請出來，一看大驚，立刻將謄本拿給爸爸看。

「怎麼會這樣？他所有的房子都貸了二胎？」阿志

爸爸看了嚇了一大跳。

「對啊！不能跟堂伯的會，說不定會倒！」阿志說。

「可是已經跟了，怎麼辦？」阿志爸爸說。

聽到爸爸已經跟了堂伯的會，阿志也不曉得該怎麼樣，於是在電話中問我還有什麼方法？

「就趕快標啊！」我說。

「標金很高耶！」阿志問。

「要不然怎麼辦？與其等到後面被倒，不如提早標。」我回答。

同樣的方法，不只用在「跟會」上。

一旦有人想找你或你的家人投資公司、做生意，都可以先去請第二類謄本，看看房屋的借貸情形。

在請出謄本，發覺對方家中沒貸款，那麼至少比較放心，但也不能就這樣永遠掉以輕心，而是要每三個月就再將謄本請出來一次，看看對方的房屋貸款情況。

這麼一來，只要房子還可以貸款，就比較不必擔心

對方倒你的會，或做生意失敗了拿不出錢還。

更需要留意的是，一旦對方資金出了狀況，通常會將房子做二胎*，這時，你就要居安思危，注意對方的資金動向，留心他會不會有盜用公款的嫌疑，之後，對方如果提出任何的增資案，都要一概否決，以免愈陷愈深。

無論是我的朋友或學生，只要讓我知道有人跟他合作做生意，我一定會立刻提醒：「趕快將他家的謄本請出來。」如果請出來都沒有貸款，或是五年前的貸款，這表示對方的資金情況還不錯，這五年都不缺錢，這時候跟他做生意，他都不會倒你的帳。如果近一年突然貸款，那就要留意。

如果房子已經二胎，無論對方說的利息有多高，利潤有多好，奉勸真的不要拿錢做賭注。

*注：二胎：這裡指的是二胎房貸，也就是當房屋已經有房貸，屋主可以把房子拿給另一家銀行抵押貸款，但由於銀行承擔的風險很高，所以利率比一般房貸高很多，而且貸款成數有限，通常只有原貸款金額的一成到二成左右，不過因為有不動產抵押，它的利率依然比信用貸款的條件好，可以貸到較低的利率以及較高的額度。

當有人想找你跟會或做生意時

1. 到地政事務所，申請對方房屋謄本，看房屋借貸情形；

2. 無貸款——安心，每三個月持續觀察；

3. 有貸款——五年以上，綠燈，可合作，每三個月持續觀察；

4. 有貸款——二到五年內，黃綠燈，可合作，每三個月持續觀察；

5. 有貸款——一年到兩年內，紅黃燈，需要多方推敲；

6. 有貸款——二胎，紅燈，勿合作。

這樣做，阻止房子被法拍

　　已經出社會的小萍，很關心各種投資理財的訊息。

　　平日見到小萍，她總是笑迷迷的，某一天卻苦著一張臉，似乎遇上了很難解決的事情。

　　「我家快要被查封了，怎麼辦？」小萍一開口，就說了這麼大條的事情。

　　「你先別急，說說看這是怎麼一回事？」

　　「我媽媽在十五年前時，在新北市買了一間房子，市價五百萬，她拚命的還房貸，還了十五年，貸款只剩下十五萬。這十五年，媽媽滿腦子都是想著要把房貸消滅，一直以來，她都過著很節省的日子，有一天，她不小心把鄰居的花盆摔破，鄰居要她賠錢，她卻說什麼都不賠，鄰居一氣之下，就把以前借給媽媽的三十萬的本

票軋進去了。」

聽起來，打破花盆是個小事，其實，只是導火線，然而法院的通知已經下來也無法收回。

「我們家只能再住三十天了，怎麼辦？」小萍愈說愈著急。

以結果論來說，這間房子的價值目前至少有一千萬，現在房貸剩十五萬，另欠鄰居三十萬，總共加起來，才欠了四十五萬，卻被查封，也難怪小萍這麼無奈。

「你們家價值一千萬，貸款可以貸到八百萬，你現在要做的第一步，是先把鄰居約出來談，鄰居絕對不是要讓你家破人亡才查封你們家，那只是個引爆點，他們主要目的是想要回當初借你們家的三十萬而已，所以我相信，你媽媽只要去借信貸三十萬還給鄰居，他就會撤查封。」

「可是，媽媽因為信用瑕疵的關係，二到五年內都不能再貸款。」

「那麼，你就用你的名字去辦，要快！」

聽到房子還有救，小萍的一顆心都放了下來，連忙說要趕快回家處理。

「別急著走，後面還有需要你做的事～」我告訴小萍，撤查封之後，要趕快找一位代書，在二十四小時之內，將媽媽的房子，以轉移方式給小萍。

「你媽媽將房子轉移給你後，你就有七百萬的貸款額度（理財型房貸）可以隨時調度，贈與稅的部分，也可以用房貸來抵。」我補充說明。

「這樣一來，房子就變我的？」

「沒錯。」

「可是，這麼做有點不合理？」

「哪裡不合理？」

「既然我媽媽已經沒欠鄰居錢，為什麼不叫我媽媽直接增貸就好？」

「因為銀行有所謂的聯徵資料，任何人只要有信用瑕疵，兩到五年之內是不能借錢的，即使把欠人家的錢還掉，兩到五年之內還是不能借錢的，所以你媽媽不能

用房貸增貸，不能借信貸，也無法再辦任何信用卡，所以我才建議要將房子轉到你這邊。」

「第二個問題，因為我有七百萬可以調度，所以我們家在五年之內不會有災難，所以我媽媽五年後信用瑕疵就恢復了，那五年後是不是應該把這房子再過戶還給我媽媽？」

「完全錯誤，絕對沒有人繼承家產之後，又還給父母的。」

一般來說，都是小孩繼承父母財產，在故事中，小萍會考慮到還房子給媽媽的部分，但這就變成媽媽繼承孩子的財產，怎麼想都很奇怪～

或許，小萍是覺得不好意思，但由於我看到太多家庭，將資源給錯人，造成家庭落魄的慘劇，因此，我認為家中的資源，要給有財商能力的人，而不是因為長輩個人喜好來分配，以免造成大錯。

利用「理財型房貸」
減少房子賣低的風險

　　學習理財，是一件非常重要的事情。

　　因此，我們每個月都舉辦很多場演講，隨時提供最新訊息的課程，也有很多熱心的學長姊會針對學員們的問題提供協助。

　　有次，學員亞倫問：「我最近要賣房子，可是當初在買屋時，就已經買高了，聽說有些仲介會要賣方降低價格，我很擔心到時房子被賣低了，有沒有什麼方法可以避免？」

　　原來，亞倫在兩年前買房前，因為不懂得找代書先估貸款（詳見「祕密三」），房子買高於市價，卡了兩百萬的頭期款，偏偏又遇到景氣不佳放無薪假，生活過

得不太順利。

他很擔心仲介發現亞倫兩年就賣房，會判斷亞倫的房子是急著賣的物件，這麼一來，就容易引動出價低的買方，對亞倫很不利。

「別擔心，你先帶著謄本（第二類謄本），去找配合的銀行或代書估貸款，看看是否可以設定理財型房貸。」學長十分有經驗，也告訴亞倫如何幫自己。

只要估出來房價這兩年是有漲的，再加上亞倫這兩年有還本金，所以就會有額度可以設「理財型房貸」。

一旦亞倫還可以設定「理財型房貸」一百萬，謄本上面就會顯示他最近有一百萬額度可以調度，這時候，仲介就會因為亞倫還有一百萬可以借（一百萬通常可以再活三、五年），心理上會判斷亞倫不急著賣，或是可能想賣高，賣有緣人，於是也會以這類型的買家為主。

一旦房子賣得比較高，亞倫不但可能拿回兩百萬頭期款，甚至還有機會倒賺數十萬……

缺錢的人老得快，不缺錢的人看起來比較年輕，如果從人們一年存十萬來說，倒賺五十萬相當於年輕五歲，何樂而不為呢？

 超級祕密

申請理財型房貸絕不能用來做什麼？

　　只要房子還有價值與額度，任何的房子都可以設理財型房貸。

　　設定理財型房貸，只需要三千元設定費。設定後並不需要任何利息，除非動用到貸款才需要。

　　例如市價一千萬的房子，向銀行貸款，只貸到五百萬，此時如果再申請理財型房貸，還可以再設三百萬的理財型房貸，讓可使用的額度增加。

　　一般人的思考是，需要借錢時再去找銀行貸款，不過我強烈建議平常景氣好的時候就要設定，因為景氣差的時候大家都失業想要貸款，到時就比較難設定，不一定好貸，所以，請在景氣好的時候先設好。

設定好之後，沒有好機會，用不到理財型房貸時，可以將錢調出來去買金門的高粱三節限量酒，一年漲 8 ～ 1 2 ％；或者，我也有股市好手朋友，在股災的時候借出來買股票。

　　在此，要鄭重向各位讀者提醒一件事，政府有規定，理財型房貸不能用於買下一個房屋，所以，如果你告訴銀行，設理財型房貸的用途是要當作下一筆房子的頭期款，那麼銀行只好跟你說抱歉了！

有了理財型房貸，
房貸不必一次借出

　　有兩個愛玩股票的爸爸：A爸爸和B爸爸，兩人均退休，有房子。

　　在金融海嘯，股市從一萬點跌到七千點時，A爸爸相信會再漲上來，於是一股作氣將房子拿去抵押借出六百萬重壓買股票，結果，股票一路從七千、六千、五千，往下跌到四千點，後來雖然有再回到七千點，賺了六十萬，但也因為中間的波動過於劇烈，A爸爸得了憂鬱症。

　　B爸爸原本也打算將房子拿去借款貢獻在股票上，後來因為B爸爸的兒子學習到使用理財型房貸，讓爸爸在賺得六十萬之餘，也不必因為過度擔心而得到憂鬱症。

　　B爸爸的兒子，我們稱為小B，同時也是資深學長，

他回憶當時的情形時說，聽到爸爸想將房子拿去借款買股票，我立刻告訴他：「爸爸，先等一下，這世界上有個東西叫理財型房貸。」

小 B 很有耐心的告訴爸爸理財型房貸是有借才需給利息，爸爸聽了覺得不錯，也到銀行確認，發現可以設定六百萬的理財型房貸，於是，在設定好後，就先從六百萬中借出兩百萬。

故事看到這裡，你發現了 A 爸爸和 B 爸爸最大的不同點了嗎？

人類的天性是「借了就要趕快用掉」。

A 爸爸的房子貸了六百萬要給利息，所以他會急著把六百萬用掉（正常人不想浪費利息），加上 A 爸爸也擔心景氣差時銀行不願意借六百萬，所以乾脆一次借出來用。

但如果是六百萬的理財型房貸，只要在景氣好的時候先去設定，到時不論景氣好壞，一樣可以借到六百萬，且可以分次借，有借才需要給利息，從人性的觀點來看，

比較不會讓人想要一次就全部借完。

　　就像是信用卡有一百萬的額度，有借才需要利息，一般人不可能一次就刷一百萬——理財型房貸跟信用卡有點類似，所以你當然還是不會全部借。

　　結果，Ｂ爸爸先借兩百萬壓在七千點；當跌到五千點時，再借出兩百萬壓在五千點，後來跌到兩千九百九十九點，就開始漲，所以，Ｂ爸爸最後也賺了六十萬，但和Ａ爸爸不同的是，因為他分批進場，所以沒有得憂鬱症，而且還充滿自信的說：「早知道，在五千點的時候，我就壓四百萬！」

　　很多退休後的銀髮族，因為面臨到錢「只出不進」的恐懼和不安感，所以會希望靠投資來賺錢，而且最常出現犯的錯就是將家產拿出來借錢，說要晚年創業或晚年投資，結果，不是投資失利，就是遇到詐騙被騙走。

　　下次，當你聽到家人要將房子拿出來借錢時，請趕快告訴家人有理財型房貸這件事，可以阻止家人犯下大錯。

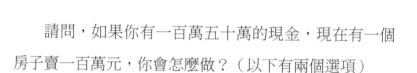

理財型房貸，讓人省 3%

　　請問，如果你有一百萬五十萬的現金，現在有一個房子賣一百萬元，你會怎麼做？（以下有兩個選項）

　　A ／貸款還要繳利息，會用一百萬現金買房子。

　　B ／向銀行貸款買房子。

　　多年前，我的學生小吳，花了十年存到了一百多萬。

　　當他存了第一桶金之後，就開始想要投資。

　　他思考到底是要買房地產？買共同基金？還是買股票？就在此時，他認識了一位仲介，仲介在半年後，找到一筆急著賣的物件。

　　這個物件市價一百五十萬，屋主急著脫手，只賣一百萬。

小吳一聽，覺得老天待他真是不薄，於是立刻答應買下。

　　買下房子之後，原本打算轉手賣掉賺價差的小吳，在打掃房子時發現，這個房子如果以出租的方式，一年可以收到十二萬租金。

　　「真是太好了，這個房子有十二萬的租金，還有五十萬的價差，當然不可能把它賣掉，賣掉，我就不能收十二萬租金。」小吳決定先收租金，將來想賣屋時再賣。

　　不久後，銀行的放款員打電話給小吳。

　　「聽說你買了ＸＸ社區的四樓？」

　　「是我買的沒錯。」

　　「這樣好不好？聽說你買的比較便宜，我可以讓你全貸，貸到一百萬。」放款員說。

　　聽到放款員的話，小吳立刻回應：「你有聽過，有現金還要貸款嗎？我不貸！」

　　「貸款有很多好處，現在利率很低，只要３％。」

「不行，不行，有錢幹嘛貸款？我當初用一百萬收了十二萬租金一年，十二萬除以一百萬，我是報酬率12％。」小吳得意的說。

不料，放款員聽到小吳的話，立刻回答：「欸，你講錯了，不是12％。」

「怎麼不是？我一個月收一萬塊租金，十二月不是收十二萬？十二萬除以一百萬不是12％？」

「完全錯誤！任何東西都要比較之後才知道，對不對？」放款員說。

「好，那你證明一下為什麼不是12％？」

「好。首先，你花一百萬賺十二萬租金。」

「沒錯。」

「另外一個人，假設他跟你買一樣的價錢一百萬，可是他沒錢，所以他全貸，請問一下他租金多少錢？」

「租金還是十二萬，不會變。」

「所以，這個房子有房貸跟沒房貸，租金會不會受影響？」

「當然不會啊！」

「所以，如果有一個人他花零元，全貸買了這房子，租金不受影響，還是十二萬，對吧！」

「可是貸款要利息，如果像你說的３％，那麼一年的利息就是三萬，他等於只收了九萬。」小吳說。

「沒錯，所以你有沒有發現，他一塊錢都沒花，就賺了九萬；而你花了一百萬，賺十二萬。」

「欸？好像是這樣！」小吳突然覺得他原本的邏輯，似乎怪怪的。

「我再說一次，你花了一百萬賺十二萬，他一毛不花賺九萬，十二萬減掉九萬，是不是差三萬？」

「所以他跟我的差距就只有三萬塊的差距？！」

「所以你多花一百萬，和全貸買屋，是不是只有差３％？」

「真的欸！」

結束了與放款員的對話後，小吳突然發現，自己應該要好好的考慮放款員的建議才對。

你是否聽過，很多**有錢人花的都不是自己的錢**？

這是因為他們懂得使用貸款額度和財務槓桿。

在景氣好的時候，由於借款的利息很低；但在景氣差的時候，額度愈高愈有優勢，如果額度運用得當，不但可以因此大翻身，還可以救身邊的人。

財務槓桿，白話來說，當你看到一筆買賣有利可圖但手邊沒有資金時，會向銀行貸款，希望以買賣的高利息來 cover 銀行的低利息，從中賺錢。（關於額度及有錢人如何運用槓桿，後面的章節中會有更詳細的說明。）

「人無遠慮，必有近憂。」任何一個人要存到兩、三百萬，真的不容易，但要借到兩、三百萬輕而易舉，尤其是在景氣差的時候，如果可以借到兩、三百萬且懂得如何運用，會讓你的存款大躍進，所以，我會強調與其「花現金」，不如多了解借錢及運用錢的方式，以免需要用錢時，只能想到：1 賣房子、2 賣股票、3 賣爸爸媽媽的房子、4 賣爸媽的股票、5 賣祖產，真是情何以堪？

借錢，並不可恥，因為貨幣會貶值。很多人就是因為不懂得怎麼借錢，在景氣差的時候，只能賣掉股票跟房地產；但是懂得借錢的人，可以不用賣股票跟房地產，反而在股災的時候，可以借錢出來照顧家人，車子跟房子也不用賤價賣掉，甚至還可以逆勢賺錢。所以，在景氣差的時候，借錢的威力很強，因此，景氣好的時候就要先設好理財型信貸跟理財型房貸，以便未來有資金上的需求時，金錢上有更大的調度空間。

 超級祕密

二十年只付房屋利息的方法

只要你是花旗銀行的 VIP，可以二十年只付利息，大大減輕房貸壓力。

離職前，
先想想會失去什麼？

　　在多次演講場合，看到年輕的一代，對於未來感到迷茫；而已經有工作的人，最常問的則是：「受不了現在的工作，但又不確定要不要離職？」

　　針對這個問題，我想從「實際的層面」來建議——離職前，先想想會失去什麼！

　　K先生的老闆，經常在開會時使用三字經，有一次K先生實在忍無可忍，回到家後告訴太太，隔天要遞辭呈。

　　想不到，太太不但沒支持他，反而開始唸：「離職如果沒有新工作，小孩的保母費、車貸、生活費用……

怎麼過生活？」

　　K 先生的處境，是否你也覺得很熟悉呢？沒錯，除非做好了規畫，貿然離職，可能會惹得家人抱持負面想法，同時，也可能會失去既有的名氣與身邊五個人的信任。

　　成功，至少需要二到四年的時間醞釀，所以，為免中斷期錢不夠用的窘況，在離職前，請先設定好理財型信貸，好處如下：

　　一、買房子壓力大，如果可以成為銀行 VIP，變成五到二十年只付利息，可以減輕壓力。（詳見「祕密四」）

　　二、設定好理財型房貸後，手邊如同擁有現金，運用方式很多，如可以買金門高粱三節限量酒（詳見「祕密二」）。而預售屋如果看對地點，第一期買第二期賣是有機會賺錢的；中古屋確定低於市價，同樣有賺點；如果你懂得匯率，那麼定存外幣，也是一條路。

　　三、有額度。有了 VIP 的身分，額度比較高，可以做很多事情。

四、創業：如果你有一身好技術或專業，同時也有創業腦，也可以自己做老闆。

　　你想離職嗎？又，準備好要離職了嗎？請先思考「離職後會失去什麼」，並且預先做好準備再上路！

祕密 **2**

掌握價差，
年輕也能賺百萬

菸酒價差兩百萬

每個國家課重稅的商品不一，研究這些商品，就可以從中找到一些賺錢的方式。

到澳洲，除了打工度假，還有什麼方式可以存到錢？

Ｃ先生，曾在澳洲念書＋打工，家庭經濟背景不錯的他，因為不想靠家人，到了澳洲後，也開始尋找存更多錢的方法。

他的做法是，利用香菸。

澳洲香菸的賺錢故事

澳洲對香菸課重稅。在臺灣，香菸一條是六百塊（紅色 Marlboro），澳洲則賣六千元，而當地的酒吧則會以

三千元的價格收購。

「紅色 Marlboro 的包裝為英文字，除了有『臺灣檢驗章』外，其他的與澳洲銷售的香菸外表一模一樣，所以，頭腦轉得快的人，就會將香菸從臺灣寄到澳洲。」C 先生說。

看到這裡，你一定會感到奇怪，這麼做，難道不會被抓嗎？

C 先生笑笑的回應，有一個不成文的規定是這樣的，任何一個人每個月寄兩條香菸出國，通常都不會被沒收的。

「重點是，千萬不要真的大剌剌的放兩條完整的菸，而是要拆散與衣服或其他物品放在一起寄出去。」

「真的被查到，最糟的下場是被沒收。」C 先生加補一句。

離去前，C 先生說，如果每人寄兩條，認識三十個人就可以寄六十條，每一條有 2400 元的價差，六十條就有１４萬多元。

對於在當地唸書或打工的人來說，的確非常的吸引人。

洋酒懂得門道賺取高利潤

再舉另外一個例子，如果有一個國家「對酒課奢侈稅」──這讓你想到什麼？

與Ｓ先生在一次的交流中，他提到自己研究洋酒已經研究了很多年。

「那你一定很懂得品酒！」

「呃……其實不是……」Ｓ先生靦腆的說。

按照我敏銳的第六感，這當中肯定有什麼祕密，於是，在我的眼神示意下，Ｓ先生說出了他的做法。

原來，大陸的洋酒，是臺灣的好幾倍，看到這個機會，Ｓ先生也開始尋找門路，從中賺取價差。

「在過年的前四十五天，先到當地的酒吧，問酒吧老闆需要哪些酒。通常，酒吧會提供『前十名』收購酒的表。需求度最高的前三名，每瓶酒可拿到一萬多元的價差，接下來到第十名，至少也可拿到六千元以上的價

差。」

「好，這是第一步，那詳細的做法呢？」我接著問。

「呃……老師，您還真厲害，一問就問到重點。」

年紀輕輕的Ｓ先生，先在廈門租了雅房，然後找了三個朋友，讓四人的信用卡額度總共達到兩百萬（信貸也可以）。

首先，在臺灣刷信用卡買酒，接著再把酒用7-11或郵局寄到金門（五公斤重運費只要88元）。

現在因為有小三通，從金門到廈門的人很多，所以，只要請金門的導遊幫忙協助，將酒帶到廈門（當然，別忘了要給導遊感謝費用），到了廈門，再將這些酒放到租來的雅房，等到過年時，再叫酒吧老闆來運酒，一切搞定。

「所以，你們四個人，就買了兩百萬的酒。」

「對，而且我們只買其中一個牌子，比較方便。」

這兩百萬「本金」，到底可以賺多少呢？

「至少，也有這樣！」Ｓ先生伸出了兩根手指頭。

S 先生在從事洋酒買賣時，大約是數年前的事情，最近一年和他見面時，他說較沒有價差，所以牌子和酒的年分，變得更重要，有心研究洋酒買賣的人，一定要做足功課再執行較不會失誤。

老酒價差嚇死人

　　我是一個「有福同享」的老師，得知 S 先生的做法後，也在幾天後的課程中，將 S 先生的故事分享給學員。

　　下課後，C 先生跑來找我。

　　「老師，你剛才說的那個洋酒的事，還有更有力的。」

　　看著 C 先生得意的臉龐，肯定他就是那個「更有力」的人。

　　「說吧！我洗耳恭聽。」

　　「酒這個東西是愈陳愈香，價格愈好，老酒，尤其是限量老酒，價差更大。」C 先生從事老酒買賣已經四年了，只要是大陸客人想收的酒，有時願意用三到五倍

的價格買下來。

「也就是，如果我在臺灣收購一瓶一萬元的老酒，在大陸可以賣到三萬至五萬的價格。」

哇，天殺的，只要賣出一瓶，就可以賺到別人一個月的薪水！

所以，只要有貨、有客戶，C先生就請旅行社的導遊協助，請團員們幫帶——一人一瓶，再給導遊和團員們感謝費用。

C先生還說，如果了解哪些酒在未來會紅，只需要放三年即可賣出，尤其到了第三年就可算老酒，報酬率會變40％！

「所以，你一年靠這些老酒，到底賺了多少錢？」我問。

C先生說了一個數字，換算下來，每個月大約可以賺到四十萬。

告訴大家C先生的故事，並不是要讀者朋友們都來

研究老酒，最主要想說的是：只要長期研究某一件事到精，其實，是有機會從中得到一些實質報酬。

親愛的讀者朋友們，你對什麼有興趣？又有哪些專長呢？

請堅持下去，必定會找到一片屬於你的獲利之路。

超級祕密

不花一毛錢，就能賺到價差的方法

這個祕密就是運用信用卡的入帳日。

前文提到只賣一種酒的 S 先生，就是運用這個方式，一毛都沒花到。

首先，讓信用卡額度增加。（這部分可以跟銀行申請）

然後，開始刷卡買酒。

信用卡有兩個很「便民」的服務，第一個是：一年可以改兩次入帳日。第二個服務是，如果你在入帳日的第二天刷，這一筆錢會算在下個月的帳單中。

所以，S 先生會將入帳日改到 12 月 15 日，然後，選在入帳日的第二天刷卡買酒，這麼一來相當於四十五天後才需要付款，到時，S 先生的賣酒錢已經拿到了。

這一來一往，相當於一毛不花就能賺到價差，是不是很酷呢？!

金門的祕密

　　金門，保存了昔日戰地風光，同時景色也很宜人。

　　這天，我坐上了在金門機場排班的計程車，並且送給計程車司機一本我出版的書，接下來，開始進行有目的的閒聊。

　　「你在金門待多久？」

　　「我啊！從小到大都在金門。」

　　「那金門有沒有什麼特殊的商機？」

　　「你問對人了！我們計程車小道消息最多。」

　　相當好！一到金門就有那麼多好處，我立刻問：「請告訴我，金門有什麼商機？」

　　「第一個，任何人只要遷戶口到金門，三節（農曆的春節、端午節、中秋節）都可以領酒。」

這我知道。

「那第二個呢？」

「如果遷戶口到金門滿三年，你願意買一個小套房，一年有六萬塊的『酒牌福利金』可以領。」

「聽起來不錯，還有別的好康嗎？」我繼續問。

「第三，金門和對岸匯兌很頻繁，任何一個商店都有兩岸匯兌，如果你跟政府人民幣換臺幣或臺幣換人民幣有匯損，你跟任何一家商店換就沒有匯損，因為我們隨時準備臺幣跟人民幣兩種貨幣，不管你要換哪一種，我們都有利差可以賺，我們只吃政府一半的匯損而已。」

咦？這樣看來挺不錯的。

「第四個」司機彷彿講上癮，不等我問就開講：「因為我們這邊的金門高粱是配的，所以我們會跑去廈門賣酒，再把大陸的香菇運進來臺灣賣，就可以進行套利。」

哇～沒想到司機先生這麼有賺錢消息，我才短短講幾句話，他已經講四個祕密了，真有效率！

「第五個，相信你還聽說過，我們金門的高粱現在

已經有一百多億的營收，所以我們金門讀國小國中不用學費，坐公車不用錢，打疫苗不用錢。」

「天啊！還真多福利！不過，你剛剛講了一個買房子有福利金？是什麼？」

「對對對！買房子還有酒牌福利金，這是我們金門的全民運動。」

「全民運動？」

「就是囤酒」

「十五年前，如果你去金門酒廠買一瓶兩百塊的酒，十五年後的現在，一瓶酒要賣四千塊。」司機很得意的說。

「短短的十五年，兩百塊變四千元？二十倍耶～而我們這十五年薪水都沒漲，如果可以把錢換成金門高粱來擺著，十五年後漲了二十倍，平均一年一點二倍，報酬率滿高的！有二十倍！」我立刻算出來。

「王先生」司機露出了有點想笑又忍住的笑容：「你會不會算數？是兩百倍！」

「兩百倍？司機大哥，你可不可以告訴我，這是怎麼算出來的？」

「天啊！你們本島的人真是……你們本島的人都很弱！」司機大哥嘆了一口氣。

「好，那你跟我說，兩百倍是怎麼算出來？」該不會是我耳背，把二十聽成兩百。

「好，首先，十五年前時，金門高粱一瓶賣兩百。」

「對！所以我沒聽錯。」

「現在過了十五年後，金門高粱一瓶賣四千。」

「司機大哥，我真的是沒聽錯，四千除以兩百真的是二十倍！」

「不要插嘴！」司機大哥沈浸在他的兩百倍中。

「好，不插嘴，你繼續講。」我心想，他的算數到底是怎麼一回事，太離譜了！

「現在一瓶金門高粱是賣四千，可是，你已經擺了十五年，算是老酒了，所以，是不是至少要賣八千、一萬或一萬二，甚至更高？因為現在新出的酒是四千，對

不對？你放了十五年的酒很明顯不是賣四千」司機說。

「對耶，我錯了，真的不是二十倍。」

「我就說嘛！現在放十五年的酒，一瓶是賣四萬。」司機很得意。

「哦！沒錯沒錯，真的是兩百倍。可是不合理啊！」我又問。

「怎麼不合理？」

「這十五年來，我們的薪水，是不是都沒有漲？」我反問。

司機點頭。

「可是物價卻一直漲，漲了五到十倍。」

「對對，然後呢？」這次，換司機問我了。

「好，這十五年來薪水沒漲，貨幣也沒什麼貶值，如果十五年前，你拿了一百萬去金門買酒，十五年後的兩百倍是多少？是不是變成兩億？」

「對耶！是兩億！」司機很驚訝。

「但，其實不可能！」我說。

「怎麼不可能？」

「怎樣算都不可能，十五年前買一百萬的酒，十五年後會變兩億，這不可能！」

雖然怎麼算都覺得不可思議，但唯一不變的真理是：受歡迎的老酒，不但愈陳愈香，且愈收藏愈有價錢。

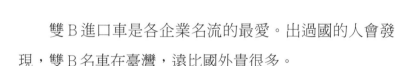

中古雙 B 轉賣，價差七十萬！

雙 B 進口車是各企業名流的最愛。出過國的人會發現，雙 B 名車在臺灣，遠比國外貴很多。

原因，就卡在高額的關稅。

車的進口關稅約 61%，因此，一臺在國外全新的賓士要兩百萬，進到臺灣關稅就要 120 萬，外加一些經銷運輸成本……等。因此，一臺在美國賣兩百萬的車，在臺灣賣四百萬是正常行情。

一次餐會中，E 先生告訴我，他專門從國外進口二手賓士車買賣。

「二手賓士車？」

在臺灣，有很多中古車買賣沒錯，但，專門從事二手賓士車買賣，且還千里迢迢從國外運回來，這還是第一遭。

「這樣做賺得多嗎？」我好奇。

「在國外，新車前幾年的折舊都很快，比如兩百萬的車子，兩年後折價可能只剩一百萬，這時再進口到臺灣，含關稅的成本，最多可能只要一百八十萬。」E先生說。

「那兩年的雙B車，在臺灣會賣多少錢呢？」肯定個中有很不錯的利差。

E先生告訴我，在臺灣，一臺折舊兩年的賓士，行情至少要250萬起跳，而他從國外進口則是180萬，算下來就有了70萬的價差。」

發現到這一點，E先生也從喜歡雙B車的人士，開始進入買賣賓士二手車的世界，轉賣價差的空間就由此而生囉！

超級祕密

當鋪 VS 進口車

在經濟不景氣的時候，很多人會將愛車送到當鋪抵押。

腦筋動得快的人，也懂得到當鋪買權利車。

一臺市價兩百萬的賓士，開幾年之後變成二手價一百二十萬，當拿去當鋪抵押時，當鋪可能只抵押三十八萬。這個時候，如果到當鋪買二手車，相當於用三十八萬買到二手市價一百二十萬的車，然後去二手車行掛賣，一年半之後賣掉了，等於是免費開一年半，一直這樣換，永遠都開高級的進口車。

二手包包差很大

　　一名女學員跑來問：「老師，你說的祕密不是菸就是酒，不然就是車，都是男生比較愛的東西，我都不喜歡，有沒有比較吸引女生的？」

　　「不然，你跟我說你比較喜歡什麼？」

　　「我平常最喜歡逛街，買包包、衣服，還有，我也喜歡看雜誌，看看現在流行什麼妝。」說到喜歡的東西，女學員的眼睛都亮了起來。

　　包包嗎？

　　我快速在腦海中搜尋了一下……

　　有了！

　　曾經聽說有人專門研究臺灣課重稅的物品，並從中找出利基點。

比如，精品。

政府對於精品有較高的課稅，例如出國買精品帶回來，只要精品總價超過 2 萬元，就要課超過 10％以上的稅。

不過，如果帶回來的是二手品，稅就少掉非常多。

中間的差額到底多少？

據了解的人 X 先生說：「同一款包包，全新的要幾十萬元的稅，以二手名義進來，稅金可以大大降低！」

這一減，可是差了二十幾萬啊！

這還是一個的價差，如果一次進來四個包包，可就趨近一百萬。如果是四十個，不就一千萬？

「稅的價差，再加上實際售價的價差，那可就非常驚人了！」X 先生笑著說。

「可是，二手包包在臺灣的賣價，也就相對降低很多。」我對 X 先生提出疑問。

「這就要看每個人的頭腦靈活度了……」X 先生神祕的笑了。

「對了，老師，我再告訴您一件事」X先生突然想到什麼似的說：「之前聽您提到散裝菸的事情，也可以用在精品包包上面喔！這樣，就會類似跑單幫，跟代理商相較起來，真的差很大！」

「天啊！還滿絕的！」

「這個方法適用於任何一個產品。」

X先生認為，未來政府的重度課稅品，會愈來愈多，或者課50％到100％的奢侈稅，所以，只要從這些重度課稅的物品下手，就會非常的有商機。

在寫這本書時，剛好碰到了反服貿的話題，關於服貿，無關於服貿議題的個人看想，而是提供另一個思考角度，針對各行業的服貿相關條款，你看到什麼？又能不能從中間找到賺錢的契機？

飛行五小時**大賺精品財**

臺灣位於北半球，從臺灣坐飛機，只需五個小時，就到達位於南半球、與臺灣氣候相反的澳洲。

你，是否嗅到了商機？

M小姐在某次見面時說：「老師，既然您都講了那麼多祕密，我也不好不貢獻一下，我光是過去一年，就存了三百多萬。」

「存？不是賺？」據我了解，一年內要存下這麼多錢，可不簡單。

「對！」M小姐十分篤定的點頭。

「你是怎麼辦到的？」

故事，要從三年前開始說起。

話說，M小姐的姊姊在臺北開服飾店，三年前，因為臨時周轉不靈，向M小姐調了四十萬，並承諾要給M小姐十分之一的股權。

　　幾個月後，M小姐分到了第一筆錢！當她看到支票數字時，心中著實嚇了一大跳！

　　因為，這筆數字換算下來，相當於一年可得到40％的利息，也就是投資四十萬，平均一年可以拿到十六萬的利息。

　　M小姐大驚，於是找了一天問姊姊：「賣衣服利潤怎麼那麼多？我想要跟你學。」

　　「我們做生意常常好幾天沒有睡覺，可是你……我從認識你到現在，從來沒見你為了工作熬夜過，你，完全不是這個料。」姊姊搖頭。

　　「不，如果你願意教我，我願意熬夜。」M小姐意志堅定。

　　「真的嗎？要我教你也可以，你要證明真的有誠意要學。」

怎麼證明呢？

「你只要每個禮拜，來我的店裡買一件衣服，我就教你半小時。如果你放棄，或者某個禮拜沒來買，我就不教了，我們生意人在商言商！」

儘管姊姊提出了一個很奇怪的要求，M小姐仍然二話不說就點頭。

第二個禮拜，M小姐果真買了一件衣服。

M小姐的姊姊經營的是高級服飾店，最便宜的都要兩千多塊，於是，M小姐挑挑選選，拿了一件衣服準備結帳。

此時，M小姐說：「你要買三件。」

「三件？不是說好一件嗎？」

「因為現在買三件有送 Kitty 貓一組。」

「可是我不喜歡 Kitty 貓！」M小姐立刻回應。

「不是這個意思，」姊姊繼續說：「我想要帶你去 Kitty 貓工廠，這樣才能告訴你這個禮拜要送 Kitty 貓的原因，而我要教你的，只有半小時並不夠，如果你買三

件就有一小時半的時間，這樣比較充裕。」

「所以，你是為了教我才要我買三件？」

「答對了。」

於是，M小姐又再挑了兩件，姊姊也依承諾，帶著她去 Kitty 貓工廠，開始教學。

「當初，我有做過市調，多數女性都喜歡 Kitty 貓，所以我就找到了這家工廠，並且從中挑選了適合的類型。」

第二個月，當M小姐照例再買一件衣服時，姊姊又說：「這次你要買三件，因為有送蛋塔一盒。」

M小姐皺眉說：「可是，我不喜歡吃甜的。」

「因為我這次要告訴你，為什麼我們要送蛋塔的主因，我們這次做的市調跟別人的不一樣，我們這次有與三家便利商店合作做市調，箇中的環節比較複雜，所以要買三件，你的時間才夠。」

就這樣，經過了數個月之後，姊姊果真無私的教了M小姐許多生意上的「眉角」，而M小姐雖然花了不少

「鐘點費」，但想想，反正姊姊店裡生意很好，她有很多利息可以花，從裡面扣就好，花了也不會心痛。

半年後，M小姐覺得時間差不多了，於是，她告訴姊姊：「我想要自己開一家店，不過我會避開臺北，選在新北市，開一家一樣的店，絕對不會跟你搶客戶，希望姊姊可以輔導我開店成功。」

「可以，只要你一個禮拜買兩件衣服，我就願意輔導你半小時，什麼問題都可以，我會協助你，衣服的錢，一樣從紅利中扣。」

半年後，M小姐果真與姊姊開了一模一樣的店，不但坪數相同，店內擺設全部一樣，連應徵來的員工，也先到姊姊的店先輔導之後，才調回新北市。姊姊如果推聯名卡，她就推聯名卡；姊姊送 Kitty 貓，她也跟著送 kitty 貓，簡直是M小姐的分店，只是，賺的錢全都歸M小姐，姊姊並沒有分到任何一毛，如果真的要算的話，姊姊拿到的錢，就是每個禮拜M小姐買兩件衣服的輔導費。

沒多久，M小姐的店業績蒸蒸日上。

第三個月時，姊姊突然跟M小姐說：「這次，你可能要買七萬多塊的衣服。」

「怎麼會那麼多呢？」M小姐嚇了一大跳？

「因為，我這次要引進網路技術給你。」

「我們賣衣服也需要網路技術？」M小姐不解。

「你知道嗎？我的生意會那麼好，就是因為我每三個月都有去日本、韓國一趟，請那邊的老闆吃飯，引進最新的技術和贈品回來。最近，我發現韓國跟日本很多人都網路化了，其中一位老闆甚至說，他們都是以網路為主，店面為輔，已經轉型成功了，還告訴我經營網路的重點。所以我也花了錢找人架設網站，果然發現，現在女生在網路上逛街的時間，已經比去實際上店面逛街的時間長。」

「啊？真的嗎？可是我還是喜歡去街上逛。」

「那是你，總之，我已經市調過了，很多女孩們在網路上逛街的時間真的比實際上去店面逛街的時間長。

所以，你一定要花七萬多塊，來買我的衣服，我會告訴你網路賣衣的訣竅，然後也介紹我的網路設計師幫你架設網路，加起來等於十四萬。」

「天啊！那我一年從姊你這邊拿到的紅利是十六萬，扣掉十四萬，不就快花完了？」

「答對了！你只要網路化，店面就不用二十坪，而是只要六坪，因為所有人都在網路逛啊，店面可有可無啦，租金立刻省下三分之二。」

「有這麼多？」

「你看，你這個地段，二十坪的月租快要二十萬，六坪大概六萬，一個月省下十四萬，你花這個錢值不值得？」

聽了姊姊的說明，M小姐覺得花七萬多塊買衣服繳學費，再花七萬塊架設網站很值得，果不其然，有M小姐在前面帶路，M小姐只花了三個月就到位，每個月多省下快二十萬。

聽到這裡，我告訴M小姐：「原本服飾店就賺了不

少，再加上省掉房租二十萬，真的很不錯。」

　　「不，老師，我的故事還沒說完。」M小姐搖搖食指，繼續往下說：「因為姊姊每三個月跑去韓國跟日本，所以我也決定要出國考察。」

　　「所以，你也跑去韓國跟日本嗎？」

　　「不是，因為我不會韓文跟日文，不像我姊姊很強，她都會。」

　　「那你最後選擇去哪裡？」

　　「我去了新加坡。」

　　M小姐花了三萬多元，到新加坡上課，這門課強調可以終生複習，只要她去上課，就跟所有的學員換名片，只要發現學員開服飾店，就請對方在新加坡高級餐廳吃飯，並且告訴對方她在臺灣經營店面的生意經，或者一些檯面下的事情。

　　幾次之後，遇到了一對經營服飾店十幾年的姊妹，這對姊妹聽完M小姐的話之後，妹妹首先開口說：「真是不可思議！首先，你會從臺灣來新加坡學習，本身就

不可思議了；第二，你竟然請我們來這麼好的餐廳吃大餐；最離譜的是，一開始就無私的講出你的經營手法……，好，我決定了，我也要告訴你我經營服飾店的祕密。」

「真的？」

「沒錯，因為我欣賞你，我要告訴你的就是『時差的祕密。』」

「什麼是時差的祕密？」

「你們臺灣是北半球對吧？而世界上有些城市，跟臺灣的季節剛好顛倒，也就是，當他們夏季結束的時候，你們臺灣的夏季才開始。」

「這跟時差有什麼關係呢？」

「有關係。當這些城市夏天結束時，就會跳樓大拍賣，服裝都賣得很便宜，很多是打兩折到四折，如果一次買多，說不定只要兩折。你就專門挑選臺灣人喜歡的服飾及尺寸，將它引進，我跟你保證，就算拿到網路上賣，也沒有對手。」

「這個真的不錯，時差的力量還滿驚人的！所以一年撈一次，真的很厲害！」聽到Ｍ小姐的敘述，我附和著。

　　「不，老師，其實一年可以撈四次。」Ｍ小姐說。

　　「夏天不是一年只有一次嗎？」

　　「南半球還有一些城市，它剛好秋天結束，我們剛好秋天開始；南半球有些城市它們冬天結束，我們冬天剛好開始；南半球有些城市它春天結束了，我們春天剛好開始。好幾個城市剛好跟我們時差是顛倒的，所以一年可以撈四次。」

　　經過Ｍ小姐的解說，我拍手叫好：「你真的是發了發了！所以，你花那麼多錢去上新加坡的課，除了可以學到東西以外，認識人脈，還聽到一些不可思議，改變你事業體的祕密。難怪你可以一年存到三百萬。」

　　「老師，我還沒講完耶，因為，我有三個祕密哦！現在，才講完一個而已。」

　　Ｍ小姐接著說，當發現一年可以透過時差買四季衣

服時，並且也到第一個選定的城市澳洲時，卻遇到了一個問題：海關規定，任何一個東西最多只能帶二十三件，超過二十三件，就要繳 17%的關稅。

為了不要多繳關稅，M小姐每一件衣服真的只帶了二十三件，由於她的眼光還不錯，每每將衣服放上網路後，詢問度都很高，其中四種款式，更是三到七天一掃而空。

話說到這，M小姐突然問：「老師，我問您一個問題喔！這四款衣服，只要再引進來一定賣得掉，您認為要不要再飛出國一趟，這四種再各進二十三件？」

「我認為窮則變，變則通，應該不要。」

「答對了！老師，您的想法跟我一模一樣。」

「那你怎麼克服？」

「我就推山寨版。」

「怎麼會想出山寨版？那不道德啊！」

「老師，先聽我講一下，這些衣服只要製造出一模一樣的款式，但不要打上 mark 就不違法了。」

「所以，你真的做了？」

「真的，而且我連質料都一樣，一次就做兩千件。」

「哦，天啊！這樣成本低，賣得高，你真的還滿聰明的。所以，你就專賣這幾個款式？」

「錯錯錯！老師，不能賣啊！我是用送的，只送不賣。」M小姐說。

「這就超出我能理解的了，為什麼只送不賣？」

「老師，您一定聽過很多賣衣服的人最怕囤貨，雖然我買的價格是售價的五分之一，如果賣不掉的金額比賣掉的多，可就慘了，所以，把那些原本我在國外買的貨賣掉，比賣這個山寨版更重要，因為，那些名牌服飾都是血汗錢，這山寨版一件成本很低，慢慢賣都沒關係。」

「所以你就拿山寨版來送，問題是要怎麼送？」

「我就公告說，只要買我貼出來的這十六種款式，就送一件『熱銷款』，結果真的吸引了很多為了要拿到這四款『熱銷款』的女性。」

M小姐說，因為這個活動，讓另外十六種款式銷售速度比以前快一倍，原本要六十天賣掉，現在三十天就賣完了，周轉率快一倍，完全沒有囤貨壓力。

「天啊！你真的很不錯，只送不賣，實在太強了！」我再次稱讚。

「老師，我還沒講完呢！」

「什麼？還有？」

「您知道，這兩千件衣服都是同一種尺寸。」

「為什麼是同一種？衣服不是有 S 號、 M 號、 L 號？」

「因為我從這四款衣服中做了統計，找出最大公約數。舉個例子，假設第一款M尺寸銷最多， S 尺寸銷第二多，那麼，我就製造比M小一點，比 S 大一點的 One Size 兩千件，這樣幾乎每個人都可以穿，這兩千件到最後都銷得掉，不會庫存。」

「所以，你這四款熱銷衣服的尺寸都不一樣？」

「對！要根據銷量來決定。」

「然後，前面我不是說，每個人只能帶二十三件，這對我來說是個困擾，我們生意人就是不想要被限制。」

「那你怎麼突破？」

「旅行社！」

「哦！我大概了解，不過，還是想聽聽看你的做法。」

「我們如果去東南亞的國家，我們通常不會帶太多東西去，因為那邊的東西很便宜，但如果我們去英國或美國，我們就帶一大堆日常生活用品過去，因為那邊寸土寸金，什麼東西都很貴。」

「這跟二十三件有什麼關聯性？」

「有！如果歐美的人來我們臺灣，他的行李箱多半比較空，可以塞東西；如果我們是跟著臺灣的旅行團去到歐美，每個人行李箱都滿的，就不能塞東西了。」

「所以，你就請歐美人士幫忙？」

「對，我的作法就是找從歐美坐飛機來臺灣，再坐回去的人，方法是請導遊幫忙找人，只要找到人願意幫

我帶二十三件，加上導遊的二十三件，我就幫導遊出機票住宿費。」

「不過，你應該不會每一款都這樣做吧？」

「當然，我還是會找有把握的才行，根據二八法則，不可能每一款都買四十六件。」

「那如果你買了這麼多，資金部分怎麼辦？」我立刻想到最重要的部分。

「不愧是老師。的確，因為我們買的量愈來愈大，所以資金周轉有點吃重，動輒就要買百萬的貨，雖然說七天可以賣掉，可是一百萬還是要放七天，總覺得希望再快一點兒。」

「你怎麼克服？」

「我辦了三張在歐美也有流通的信用卡，例如花旗全球卡，在臺灣就開一個外幣帳戶，在外國就用美元帳戶刷。」M小姐接著說：「之前老師不是提到信用卡一年可以改兩次入帳日，而且，只要在入帳日隔天刷卡，帳單來的時候，還有三十天的緩衝期，所以最長是

四十五天後才需要付費嗎？」

「沒錯，而且，從你剛才講的成本結構來看，買入價是售價的五分之一，那麼，只需賣掉所有衣服的五分之一，就回本了，你選的熱銷款，又常常是七天內銷售完，只要在刷卡日前改入帳日，所以等於是不花錢就賺錢。不過，為什麼要辦三張信用卡呢？」

「因為我每一季都有需求，雖然兩張就夠了，我還是多準備一張以備不時之需。」

M小姐終於說完了她年存三百萬的祕密，她優雅的拿起水杯，喝了幾口水之後說：「老師，您認為，我還有什麼地方可以再改進的？」

「其實，已經完美無缺了，如果真的要改，還有兩個地方可以改。」

「還有可以改進的地方？」M小姐眼睛亮了起來。

「你要知道，你會那麼強，來自於兩個關鍵點：第一個是，你每個禮拜都到姊姊的店裡買兩件衣服，記得嗎？這個動作不要停，持續跟姊姊買衣服，她會告訴你

韓國跟日本最強的資訊。第二個，繼續去新加坡這樣強大的國家上課，一直保持與學員們交換名片，然後請對方出來吃飯的動作，只要保持這兩個，你就會無止盡的變強，因為與人接觸，才是最強的學習。」

　　故事，就說到這裡。現在，請讀者朋友們再回想一下我在一開始時提出的問題：臺灣位於北半球，從臺灣坐飛機，只需五個小時，就到達位於南半球、與臺灣氣候相反的澳洲。

　　你，嗅到了什麼商機？

超級祕密

贈品的祕密

在M小姐的故事中，贈品是個關鍵。

人，都是感性的，尤其很多女生會因為贈品去買東西，而不會真的因為需要而買。尤其是飲料店的集點卡，或是便利商店滿額送集點。

人的天性就是：當出現蛋塔熱的時候，會真的因為蛋塔而去買衣服，出現 Kitty 貓熱的時候，會真的因為 Kitty 貓而去買原本不想要的衣服──我也曾聽過有人說，為了銀行提供贈品的娃娃，而買共同基金的例子。

所以，在從事銷售活動時，懂得運用贈品，就能讓業績變好，而一旦推出的贈品讓客戶覺得很優，很物超所值，很喜歡時，客戶上門的機會也會變高喔！

祕密**3**

房屋財，這樣賺

預售屋——
1 毛不花就賺錢

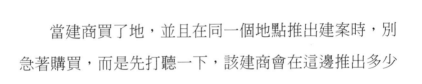

　　當建商買了地，並且在同一個地點推出建案時，別急著購買，而是先打聽一下，該建商會在這邊推出多少期？

　　西元 2012 年，新潤建設航空城有八期，我認識的一些朋友在第一期買，第八期賣，扣掉該扣的費用，實賺 350 萬到 400 萬之間。

　　但，你有沒有想過，要如何買預售屋可不花錢就賺到錢？

開半年的票

　　買預售屋的第一個重點，是開半年的票，第二個重

點跟第三個重點，一樣還是開半年的票，只要這件事成功，就成功了。

方法也非常簡單，只要在預售屋一公布的時候，想辦法找親朋好友三到五個人走進銷售中心，直接找最能做決定的人出來說：「我們每個人都要買屋，條件是希望可以開『開賣後半年到一年的票』。」

近五年來，只要是三期以上的預售屋，從第一期開賣之後到第二期開賣，從來沒有超過三個月過，所以，如果有辦法和預售屋有力人士談到開賣後半年的票，幾乎可以在一塊錢都不花的情況下，在第二期開賣時，將第一期的房子賣掉。（當然，地點和景氣都是判讀的重要指標）。

開半年的票，有兩個好處。

第一個好處是，因為用開票方式，一塊錢現金都不用付。

第二個好處是，當開賣後價差出來，有買家跟你買

時，因為票還沒有到期，買家也不用先付錢，對買家也有好處，可說具「雙向調節」的功能。

那麼，是不是所有的建商都會同意呢？

根據我的經驗，約莫百分之九十五以上的建商都可以接受，不過，也有建商例外。

學員 Y 小姐，就用了這個方式與建商談，建商採取無辜攻勢告訴 Y 小姐：「不要這樣好不好？半年的票真的太久了，三個月！開賣後三個月的票 OK 嗎？」

Y 小姐一聽，也覺得自己好像太殘忍了些，於是點頭答應。

不久後，Y 小姐在小聚會中，也將自己的經驗說出來。

「其實，很多事情都有彈性空間，如果是我，就會告訴建商：『如果你願意給我開賣後半年的票，我們五個人不殺價，別人潛銷價買多少，我就買多少！』」我指點了一下大家。

所謂「潛銷期」，指的是從圍起建地，到執照尚未

發下的期間。由於政府規定，執照下來之後才可以賣預售屋，所以，如果在「潛銷期」就訂屋，是可以退的。

　　一般而言，開賣的八五折是潛銷價，以一千萬的預售屋為例，潛銷時會賣八百五十萬。因此，對建商來說，祭出上述的說法，建商都很樂意答應。尤其是團購，通常更易成功。

超級祕密

關鍵在團購

　　由於潛銷通常是可以退的，如果在潛銷期的時候走進去說「五筆不退」，寫切結書說「退的話給三十萬」，在這個情況下，建商通常都願意答應。

　　一旦建商答應了，就可以再進一步告訴建商「要開半年的票」，接下來再殺價，建商通常會答應，所以，這個做法，最重要的關鍵在於團購。

保證不退

就在找出「唯一的重點──半年期支票」幾個月後，有一天，聰明絕頂的 L 先生跑來找我。

「老師，關於不花錢就能賺到預售屋的錢，我研究出第二個方法！」

「什麼？還有別的方法？別跟我說是抽紅單喔？」（抽紅單請見《20 幾歲，就定位：小資 5 年，成為千萬富翁的祕密》一書）。

「當然不是！」L 先生說。

在預售屋從預訂到開工的付款流程，簡稱為「訂簽開」（訂金、簽約、開工），一般來說，從預訂到完工通常要卡兩到三成的頭期款，所以，一千萬的房子，就會被卡兩百到三百萬的頭期款，可不是一筆小數目。

「所以，我就去做了測試。」L 先生接著說：「一樣是選第一期，一樣五個人走進去。」

「通關密語是什麼？」我問。

「我們就跟建商說，我們五個人都不退！」

「這招好，有抓到建商要的，然後呢？」

然後，建商就問：「你們要殺多少？」

「你殺價了嗎？」

「沒！老師不是說，人要有遠見，先不要急著殺價嗎？所以我就跟建商談得『遠』一點！」

「所以你怎麼談？」

「我問建商，到交屋前，我們五人只付百分之八的頭期款，可不可以？」

各位，容我再說明一次，一般人買屋，到交屋前要付至少百分之二十的頭期款，而 L 先生竟敢開口說只付百分之八，如果你是建商，會答應嗎？

建商還真的答應了。

由於頭期款付得比別人少了近三分之一，好處可多了。

第一個好處是，同一筆錢，別人只能買一筆，L 先生可買三筆。

第二個好處是，在這個期間，只要任何一個人跟 L

先生買房子，這個買主一樣可以只付百分之八的頭期款，是不是很讓人心動？

「你有天分喔！」想不到，L先生竟然還研究出這麼**三贏**的招術——建商贏在**房子不會被退**；L先生贏在一筆錢可買三間屋，還可賺**差價**；買家贏在**低利息**就可買屋，根本挑不出毛病！

超級祕密

賺這樣就跑

　　根據經驗法則，第二期預售屋一定會比第一期貴 10%。以一千萬的物件為例，第二期通常會漲到一千一百一十萬以上，而我通常會告訴大家：賺三分之一就跑。

　　賺三分之一就跑的原因在於絕對沒風險，你唯一要克服的，是自己的貪心，有人說：我可以賺一百萬，為什麼要三十萬就跑？

　　因為，我的重點在於「將風險控制到最低」及「將現金快速拿出來再進行下一筆投資」，一旦你因為貪心希望等更久賺更多，跟你同一時間點賣屋的人也多，到時就要看運氣了！

先不要急著殺價！

　　來上過我課程的人，都會知道我常說「先不要急著殺價！」

　　「殺價」是人們買東西時普遍習慣做的事，覺得殺了價就買到便宜，但你知道嗎？一旦三、五個人走進去銷售中心時候，**千萬不要急著先殺價**，因為殺了價之後，就很容易引來吵架，所以切記，先不要急著殺價，而是想想有什麼「彈性方案」。

　　先不要急著殺價的意思，並非完全不談價格。殺價還是要殺，但是不要「先殺」，就像前面的故事，先談半年的票，接著才殺價，通常比較容易成功。

　　還記得第一章提到的順序嗎？

　　在買賣東西時，順序也是非常重要的。

舉個例子來說，如果今天你要跟房東租房子，並且希望房東可以送你一樣電器，那麼，肯定是先跟房東要電器，接著再付訂金跟房租會比較順，否則，一旦付了房租後才希望房東能附電器，通常很難達成這個願望。

　　所以，如果你跟房東說：「租金少五百，我就租。」房東答應了，之後你再說「那可以再多一個電器嗎？」房東不會理你。

　　正確的順序應該是，在還沒付訂金跟租金前說：「房東，我想要多一個電器。」

　　房東會回：「小事小事！然後呢？」

　　「租金再少個五百，我就租。」

　　從房東心理學來說，通常會答應。

　　講到順序，記得一個法則：小東西要先要。

　　對建商來說，支票是小東西，可是對我們來說是大事，所以，順序上要先提開支票。

　　對屋主來說，買中古屋不要先急著出價，要先估貸款再出價。

「重要的事情先做」，對對方或許不重要，但對我們來說肯定最重要。

你，了解箇中的祕密了嗎？

超級祕密

辦支票

如果可以的話，建議能申請支票。當你沒有支票時，永遠都必須給現金，而使用支票，就可以將錢延後支付，不會卡到自己的錢。

不要，只看眼前利益

　　大部分的小老百姓之所以覺得「人生不如意十之八九」，最主要的原因是，太在乎眼前的存款增加了。

　　「人無遠慮，必有近憂。」所以，任何東西要以長期來看，當你懂得將眼光放到長期來想時，就不能只在乎眼前的利潤。

　　存款也是一樣的，請問：你是比較在乎每個月存下少少的錢，平日就亂聽消息入市，當股災出現時大賠？還是一開始就專心準備時機，要在股災的時候大賺？

　　一般人只在乎每個月存小錢投資，當股災的時候，一大堆家裡在賣房子、賣車子，最後整個家族財富是變少的；而懂得看長遠的人，則會學習股票資訊，等待對的時候下手。

眼前的事情，當然也要在乎，但是不要「太」在乎，如果從錢的角度來看，只要能避免負現金流，就可以將眼光放遠一些。

新成屋 VS 市價，如何確定？

　　一般房子建設完成的五年內，都可稱為新成屋。

　　在房子完工後第六到八個月內，懂得行情的人，可以買到市價的八成到八成五。

　　原因在於，建商在完工後會有很多餘屋可以賣，為了擔心賣不掉，通常會便宜賣。

　　我曾經遇到過一批新成屋在完工後，附近仲介五戶、五戶買，並且很便宜的買到，以賺取中間的價差。

　　向仲介買新成屋時，可以留意仲介的說法。

　　例如，有一個市價一千萬的房子，正常來說，可以貸到八百萬，仲介如果說：「這筆房子只能貸到市價的七成，八百萬。」買方通常會認為市價可能是

一千一百四十萬，出價時則可能就出到一千一百萬。

當買方問仲介可以貸多少時，仲介通常會說出部分事實，目的是希望買方出高，因此，無論仲介怎麼說，總之要掌握：貸款只能貸到市價的八成就對了！

法拍屋——
1 年後即可重估貸款

在金融海嘯的時候，有非常多的法拍屋。

平日，市價一千萬的房子，當遇上金融海嘯時，被拿出來法拍的房子，可能只需準備四百萬到買得到。

法拍屋比一般正常屋要便宜，也吸引了不少買家的興趣，但是，一般買家最怕的就是房內還住著人，被稱為「不點交」的房子。因此，「不點交」的法拍屋競爭者較少，房價也更低。

大部分買家不願意買「不點交」法拍屋，通常是害怕遇到所謂的「海蟑螂」，不然，一般正常的房客，通

常時間到了就會搬走。

法拍屋的好處，除了買的時候便宜外，另一個大家普遍不知道的好處是，一年後就可以重估貸款。

以市價一千萬的房子為例，假設法拍時以四百萬買進，一年後重估就可以貸到八百萬（市價的八成），如此一來，你存款的「額度」就暴增四百萬。

所以，我會在課堂上時告訴大家：平日就要了解法拍屋，練習如何找到有正常房客又不點交的法拍屋，等到金融海嘯時，就可以大展身手了。

超級祕密

如何買到沒有海蟑螂的屋子

政府，銀行都會公布法拍屋的消息，請先找好你想了解的不點交法拍屋地址，在法拍日的前一個星期，找到住在此棟房屋的一樓住戶（或鄰長），請他幫忙按門鈴介紹。

如果住在法拍屋內的是海蟑螂，那麼鄰居住戶應該都會

知道；如果屋內的是正常住戶，同棟樓鄰居通常會願意幫你按鈴。

會想到這個方式，也是我自身的體悟。

第一次想購買不點交的法拍屋時，做了很多沙盤推演。當時，我直接跑去問住在裡面的人是屋主還是房客，如果是房客，我標下來後他不願意搬離，我就繼續租給他。

當我按電鈴後，果真有人來應答。

「誰啊？」

「我想要買你的房子。」自我介紹了之後，我說出目的。

接下來，對方開罵半個小時，完全不給見。

這次的經驗，讓我知道，很多事情要外包出去。當你請同棟鄰居幫你按鈴，因為見面三分情，屋主絕對不會罵鄰居半小時。假如同棟 1 樓是做生意的比如麵店，那更好，先在麵店吃個麵打聽一下，再請麵店老闆幫你

忙。

　　再提一件事：如果是屋主住在屋內，那麼要與對方好好溝通，看看包給屋主五萬元紅包，他願不願意搬走？如果願意搬走，就把成本加進去，再看房子值不值得標。如果屋主很激動的說：「如果你要標，我就跟你同歸於盡！」之類的話，那就不標了。

　　根據我的經驗，在不點交的屋子中，約有三分之二的機率是可以談，可以標的。

這些方法，讓你知道房價

找代書，避開買高的風險

對於夢想有一個自己的房子的人來說，很容易在「被特別製造出來的情境」下，衝動購屋，這麼一來，很容易一不小心就買到高價，那麼，有沒有什麼方式，可以確保買到的房子，在合理價之內呢？

有，那就是「先估貸款再出價」。

在一次聚會中，Alex 著急的跑來問我：「剛才吃飯時，我哥哥說他去看了一個房子，好到超乎他的想像，而且他說的非常激動，我叫他別急著買，要多再去看幾次，他似乎都聽不下去，我很擔心他這麼喜歡，已經下了訂，買到高價，怎麼辦？」

「你說的沒錯，愈激動，愈喜歡，愈容易買到高價，但你身為弟弟，你說的話哥哥一定聽不進去，所以一定要借強者的力量來幫助哥哥。」

「強者是？」

「我們買中古屋，有三天的考慮期，這政府規定的，所以，只要在三天之內可以阻止哥哥，將買高的房子退掉，就可以拯救哥哥了。」

我告訴 Alex，一定要引入強者協助，在這邊，強者就是專業代書，所以，Alex 無論如何，都要把哥哥拉到代書辦公室，請代書幫哥哥購買的這一間房子估貸款。

由於代書與銀行放款員多半很熟，請代書粗估貸款時，速度很快，不到幾分鐘就估出來了，通常，貸款的成數是市價的八成，這樣一比對，有沒有買高，就很容易了解。

「這事要快，房子的價格一差，可是從幾十萬到數百萬，甚至更多，快去救激動的哥哥一馬！」我叮嚀。

隔天晚上，Alex 打了一通電話給我，詳述了當時的情形。

　　「老師，你介紹的代書，真的很快就幫我詢問了，他說我哥哥想買的中古屋，貸款大概可貸到八百萬，所以這個房子市價大約就一千萬！」

　　「那你哥聽了，有沒有說什麼？」

　　「他的表情超驚訝，不，是驚恐，愣了一下說，仲介告訴他這一戶市價是一千五到兩千萬，他買一千三百萬，想說還挺合理的。」

　　對於三十歲左右的人，除非有不錯的際遇，大多數上班族一年只能存十萬，Alex 的哥哥收入雖然不錯，但少損失三百萬，真的也是個大數字。

　　「而且，從此刻起，你在你哥哥心目中的地位，終於不是個小屁孩了！」我了解 Alex 在家中的情形，用這一句話作為祝福。

超級祕密

找代書估價，有通關密語

找代書時，要如何讓代書樂意幫你的忙呢？

在這邊有一個通關密語，請跟代書說：「你幫我估一下貸款，之後成交了，我就指定你為代書。」

很簡單對吧～人都是互相的，所以別忘了這個超級好用的通關密語喔！

從法拍屋估市價

前文提到買不點交法拍屋的方法，你是否已經摩拳擦掌，迫不及待想練習看看呢？

法拍屋不但可讓人買得便宜，還有一個功用：了解市價。

根據過去的經驗統計，法拍屋一拍底價跟二拍底價的中間值，可以作為市價參考。

覺得很麻煩嗎？

那麼，就用一句話代替「一拍底價打九折＝市價」。

舉個例子，如果知道三拍的底價是六十四萬的話，如何知道一拍的底價？

請將六十四萬除以零點八，等於八十萬。那麼，八十萬為二拍的底價，再將八十除以零點八等於一百萬，也就是一拍的底價是一百萬。如此，市價就是一百萬的九折，九十萬。

認識謄本，推估買價

在「祕密一」中，我提到「看懂謄本」非常重要。

在此，我將告訴大家如何看懂謄本，並看出屋主可能的買價。

首先，請看看房屋主要用途，切記，不可以是工業用或農業用，用途至少是住家用或商業用會比較優。

房屋的主要建材也要留意，一旦房子是磚頭造或加強磚造都不要買。

最重要的來了：請看「登記日期」、「權利價值」

和「存續期間」。

例：

「登記日期」──民國 93 年 11 月 2 號

「權利價值」──２２２萬元

「存續期間」──民國 93 年 11 月 2 日到 123 年
11 月 1 日

我們可以從權利價值這一欄，了解本物件最高可貸
出多少。

一般來說，只要將權利價值除以１.２，就是最高貸
款。

從上面這些資料，就可以看出，物件持有人在９３
年１１月２號當天貸款了１８５萬元。（２２２除以
１.２）

通常，屋主只能貸八成。

所以，再將貸款除以０.８，就可以推算屋主可能的
買價。

１８５萬除以０.８＝２３１萬

　　在此要提出說明的是，上述的方式只是推估一個大概，有朋友按照此公式推算，權利價值５２５萬除以１.２，再除以０.８之後約５４７萬，而朋友當年是以六百萬成交～～雖然不完全符合，但距離也不會太懸殊。

　　在檢視謄本時，面積和建築完工日期，也是觀察的眉角。

　　謄本上，可以看到層次面積和陽臺面積，請將這兩個面積加總後，再乘以０.３０２５，就可換算為坪數。

　　在看屋時，買方一定會問房屋幾坪，這部分就算仲介或屋主有回答，你還是一定要自己計算過才行，因為買房子的坪價很大，差一點兒就差很多。

　　建築完工日期：屋齡在三十年以上的房子，就被銀行認定為老房子，老房子最多只能貸到市價的７成５，這部分在買房時，也要特別留意。

參加房產投資聚會

俗諺說：「三個臭皮匠勝過一個諸葛亮。」近來也常聽到：「你身邊的六個人會決定未來的成就。」在在都指向一件事：你「收集」的人愈多，威力就愈強大。

目前，我收集比較多的是跟預售屋有關的人，另外，則是會提供祕密的人，及會執行祕密的人。

此外，也會與同等級的人結盟，保持良好關係。

基於這個觀點，我們可以說，參加各式房產投資聚會，就能夠聽到各式與房產投資相關的訊息，當然，其中也有房地產的價格資訊。

一旦資訊愈來愈多，接收到「騙人的」資訊也會變多，關於不確定是不是騙人的資訊，我們通常會觀察一年，一年確定沒問題，才會執行。

目前，我們持續在北中南，都有辦與房產相關的講座及現金流活動，歡迎上ＦＢ粉絲團，搜尋「學校老師沒教的賺錢祕密」，一起變強。

顛倒問

想知道市價，還有一個方法，就是顛倒問。

大部分的人走進房屋仲介公司，都會直接表明來意，告知仲介你是想買屋還是賣屋。

同一間房子，如果你是買方，那麼得到的答案可能如下：「這間房子市價是一千三到一千五百萬。」

如果你是賣方，得到的或許是「這間房子啊～沒辦法太高啦！開價一千三到一千五百萬都是賣有緣人的，真實的市價九百五到一千萬，一坪才三十幾萬。」

瞭解了嗎？只要顛倒講，想買房子的時候，把自己當賣家上門，就能探聽到市價；想賣房子時，就以買方的姿態上門，可聽到另一種答案～

以前，同一間房子，我至少會跑三家仲介，綜合大家的說法參考，就不會被牽著鼻子走了。

實價登錄看市價

最後，想知道市價還有一個方式，就是直接上內政部不動產交易實價查詢服務網網站（http://lvr.land.moi.gov.tw/）查詢，只要輸入你想查詢的地址跟建物型態，就可以知道附近的成交行情！

房子賣了買不回來嗎？

　　當房價愈漲愈高時，很多人都不敢賣房子，深怕房子賣掉就買不回來。

　　在某次課程後，K小姐就提出一個問題：

　　假設我在捷運動工期間，買下一個房子自住，四年後當捷運蓋好時，一千萬的房子有可能賣到1200到1500萬，以1200萬來說，就可賺到兩百萬。

　　「但是，當我將房子以1200萬賣出後，可能不久又漲到1300萬，這時，我就買不回來了？對嗎？」

　　「有可能。」我點頭。

　　「如果這樣，那我是不是應該一直放著不要賣？」K小姐問。

　　「完全錯誤！」

以捷運附近的房子來看，當捷運線通了之後，房價會先回跌再漲一點，如果繼續持有四年，價錢還是不會差太多。

「那～到底要怎麼做才好？」K小姐完全陷入迷霧中。

「當然是趕快去看下一個房子！」

房子的地點，非常的重要，以捷運為例，要看的是四年後準備要再蓋的另外一條捷運（四年後是指四年後「通車」，或者是四年後又蓋好另外一條捷運。）。

這麼一來，相當於每四年一定賺 20 到 50％。

只要跟著重大建設走，提早買，正確時間點賣，是很難賠到錢的。

巴菲特曾經說，他所持有的股票，大部分是長期持有的，但是每四年多會調節一次，像可口可樂就持有二十幾年。

這一段話，道破了一些投資商品的周期：不管你囤

的是酒、房子、股票，不管怎麼看好它，平均大約是四年的週期，因此，投資人要做的是「不可以對投資商品產生感情」。

「如果你八年後賣，前面四年是賺 20 到 50％，後面四年呢？是 0 到 20％，可能接近 0！所以要一直變動，而現在是一個變化很快的時代，長期持有指的是四年之內要長期持有，不可以持有太久！」我告訴 K 小姐。

買房重點，一個故事看清楚

某一年的年初，與我配合六年的仲介Ｒ小姐打電話給我：「恭喜你，又出現一筆急著賣的物件，開價兩百四十萬，現在不知名原因，屋主一百八十萬就賣，權狀三十坪。」

「在哪邊？」

「在○○後火車站，走路七分鐘的ＸＸ街。」。

嗯，Ｒ小姐因為和我認識已久，一開口立刻說到重點。

重點1：谷歌走路十分鐘

買房子一定要買在交通方便，走路十分鐘以內的地方。

這邊的走路十分鐘,不是叫你自己走,而是要使用 google map 算才行。

為什麼?

這是人性!

如果你很喜歡這房子,你會故意走快,所以,我們一定要以理性為主,所以 google 地圖如果換算十二分鐘,你就要明白這個房子不適合——千萬不要小看那兩分鐘的差距,它,就是會讓人往回走的關鍵。

重點 2:買到地點對的房子

買房,地點最重要。

怎麼樣才算是地點對?

最簡單的方式,就是以重要交通工具為依據。

自強號有停的火車站,就是對的地點,自強號沒停的火車站,很明顯的就是不適合的地點。

捷運上下車最多人的站,就是對的地點。

高鐵、高速公路交流道下來如果很多人,也是對的

地點。

那麼，什麼是「錯的地點」呢？

海邊或山上雖然很浪漫，可以修身養性，但是平常沒什麼人，很明顯，就是錯的地點。

買房子，一定要買到對的地點。

買到凶宅反而不必怕

故事繼續進行下去，我告訴 R 小姐：「我記得 X X 街有凶宅。」

「沒有啊？」

「好，那我先去市場調查看看。」

於是，我問當里的里長！得知當初 X X 街有棟建物，當初施工的時候不小心讓重物從上砸下來，當場砸死一個工人，之後傍晚五點多、六點多，就常常看到有東西飄來飄去。

於是，我告訴 R 說：「里長說那邊有凶宅！」

「那個？你反應過度了啦，凶宅是另外一邊，隔一

條馬路；我報的是凶宅的對面，不能算凶宅。」R 小姐說。

好的，既然如此，那當然沒有問題。

現在，要告訴大家關於凶宅的注意事項。

你有沒有聽仲介說「買到凶宅是可以退的」。

這是真的，透過仲介買到凶宅，是可以退的，所以，買到凶宅本身是小事，但是，如果你買到凶宅的隔壁或樓上樓下，可不可以退呢？

答案是不能退！

相信，沒有人希望住在凶宅的對門和樓上樓下，所以，市場調查有它的必要性，一定要避免買到凶宅的樓上樓下或對門，自住覺得怕怕的，就算要賣，附近的人也不會願意買。

所以，你知道了嗎？跟仲介買到凶宅不可怕，買到凶宅對門或上下才可怕。

了解房屋狀況的方法

看完了上述的故事，你一定會想：哪有這麼容易就

認識那區的里長？

OK OK！不認識里長沒關係，在這邊，提供幾個協助你進一步了建屋況的方式。

首先，可以問附近的警衛、社區的管理員。

也可以問附近的租屋公司，因為有地緣關係，租屋公司的人一定會知道附近哪些房子有問題。

接下來的方法可神了，那就是「問路人」！

怎麼做呢？

假設你想要買某一間房子，請在傍晚五點半到六點半左右（此時人比較多），在房子的一樓等，想辦法問三個路人這附近有沒有凶宅或輻射鋼筋屋之類。

當然，直接問的話，路人不一定會告訴你，所以，要讓路人感覺你是要買附近房子的。

現在，我以W小姐為例。

W小姐在預購的房子附近等候，約莫六點時，看到一位中年婦女走過來，於是，W小姐立刻與婦女打招呼說：「小姐您好！我想要買附近的屋子！」

通常，這個時候，對方都會本能的問：「你想要買多少？」

W小姐事先就知道，這個區域的房子，市價大約兩百萬，於是，她告訴眼前這名女性說：「我想買兩百四十萬！」

一旦將價格抬高，人們通常會有些心動，或者是想了解更多，於是就會開始東聊西聊。

這時，W小姐就聽著對方的話，找空檔時問：「這附近有沒有什麼輻射鋼筋屋或凶宅之類的？」

通常，都可以得到很正確的消息。

賣價比市價低，依然可殺價

故事繼續進行。

在確定R小姐說的物件與凶宅關係不大之後，接下來就要開始砍價了。

「什麼？這個房子的開價兩百四十萬，現在屋主一百八十萬就賣，還要再低？還可以再低嗎？」你的心

中，一定會出現這個疑問。

這個部分，只要找代書先估貸款，就可以知道能不能再出價了！

R小姐介紹的這一間屋子，屋主開價１８０萬，比市價低，很明顯的，屋主也急了，所以，我們可以勇敢的打七折出價。

於是，我打電話給R小姐。

R小姐果然是懂我的人，電話一接通，R小姐就立刻說：「不要出太低喔，我們配合那麼多年了，不要出太低。」

「保證不會出太低，我要出七折，出１２６萬。」

「什麼？１２６萬？你確定１２６萬不會低？」

「我覺得不會低呀。」

「我跟你老實說，屋主原本開價２４０萬，現在不知名原因要賣１８０萬，你為什麼不出個１５０、１６０討我開心呢？出什麼１２６萬？那我問你，１２６萬，那六萬是怎麼來的啊？為什麼不加整數？」

「ＯＫ！ＯＫ！立刻加到整數１３０。」

「……」Ｒ小姐那端，已經掛電話了

其實六年來，Ｒ小姐都是這樣子的，每次，當我打電話給她時，她都充滿熱情的期待我出高價，我一勇敢的打七折，她就會很生氣的掛電話。

記得六年前她第一次掛我電話時，我嚇個半死，心想：「怎麼業務一點彈性都沒有？」到了第六次掛電話時，我已經麻木了，認定第二天中午前，她一定會打電話給我，叫我往上加一點。

隔日，我睡到中午才起來，拿起手機一看：竟然沒有未接電話？

「這太離譜了，哪有人做業務做到這樣子，一睡到中午以後，還不打給客戶，真是沒救了」我心想。

我很有耐心的一直等到傍晚五點，Ｒ小姐還是沒打電話來。

突然間，不祥的預感浮上心頭～於是，我拿起手機，打電話給Ｒ小姐。

　　Ｒ小姐一接電話立刻篤定的問：「要加多少啊？不要加太少喔！」

　　「保證不會加太少，我決定加五萬。」

　　「加五萬？１３１萬真的不會成交啦，但是憑著我們多年的交情，我願意試著把屋主約出來談。但真的不會成交啦，假設我真的將屋主約出來談了，你那邊還有沒有加價的空間？」

　　「當然有啊！」我說。

　　其實，這個物件我已經估過貸款，知道它可以貸１５０萬，比１３１還多很多，所以，我也爽快的告訴Ｒ小姐：「請約屋主吧！，我還有加價空間。」

　　就在我打算掛電話時，Ｒ小姐突然說：「喔，沒問題，已經約好了，明天早上，屋主十點有空。」

　　「你說什麼？」我掏掏耳朵，沒聽錯吧？

　　「我是說，已——經——約——好——了，明天早上十點。」

　　這怎麼一回事？

「Ｒ小姐，你不覺得你應該先掛掉電話，再打電話給屋主，問他明天早十點有沒有空；再假裝打電話給我，問我明天早十點有沒有空——這樣比較合理嗎？」

「聽不懂你在說什麼？反正明天早上十點。」

看來，Ｒ小姐根本早就知道我會打給她加價，所以早就跟屋主約好了。

隔天，我十點準時進入有Ｘ氏，Ｒ小姐看到我，立刻說：「屋主九點半就到了！」

不會吧？這麼急！還提早半小時到。

「對方已經等了半小時。你昨天自己說的，你要加價，別忘了。」Ｒ小姐提醒我。

「ＯＫ！昨天已經加五萬，我今天再加四萬，加到１３５萬。」我告訴Ｒ小姐。

「果然有效率！我已經幫你準備了你最喜歡看的雜誌，你先在這邊看一下，我來去談，半小時後就有好結果了。」Ｒ小姐說。

加價要愈加愈少

各位讀者朋友們，看到這裡，您是否有發現到什麼呢？

我第一次加五萬，第二次加四萬——這個不是隨便說說的。

「加價時，就是要愈加愈少。」這是一種買賣心理，當買方加價愈加愈少時，賣方會覺得再不賣，買方就要走人了；如果愈加愈多，賣方會覺得買方想要這個房子，於是姿態也高了。

以這個案子來說，假設加到 7 萬塊，肯定就踩到地雷，三小時都不會成交，而且愈講愈不開心，惹得一身腥。

記得，「加價就是要愈加愈少，半小時成交最好。」

果然，半小時後，R 小姐來了。

「經過我們半小時圍攻的結果，屋主也軟化，願意150萬就賣了，你已經加到135萬，只差一點點的空間了，請再加價吧？」

什麼？還要加價？這不行！

「沒辦法了，１３５萬是極限了。完全加不上去。」

「不要這樣好不好！請加最後一次，加４萬，加到１３９萬，只要你願意加到１３９萬，我跟你保證，不會再叫你往上加了。」

各位，如果是你，會不會加到１３９萬呢？

讓我來分析一下，通常，仲介願意將屋主約出來談，心中已經有個底了。談了半小時後，又一直強調１３９萬，很明顯，先前那半小時中，應該已經談到１３９萬就賣，這時候如果真的乖乖加四萬，加到１３９萬，就變成受害者了！（房價可不是小買賣，差一萬差很大！）

所以，我有加，但是只加三萬，加到１３８萬！

最後有沒有成交？

當然成交！不過，是１４０萬成交！

看到這裡，你是不是又傻眼了～

「老師，不是說這筆成交最多１３９嗎？怎麼會變成１４０？」

李嘉誠說：「小方向故意輸是為了長遠的利益。」在交易的過程中，大方向對就好，小方向就不必太在乎了。

買房子有兩個大方向，第一個是買到地點對的，記得，用 Google 地圖走路十分鐘；第二個是一定要先估貸款再出價，只要知道這兩點，並且做到了，中間的談判過程輸一些是沒有關係的。

無法立即過戶一定要辦預告登記

這個故事還沒有講完。

確定成交後，屋主說：「再過九個月，就滿兩年，不必扣奢侈稅了，你可不可以通融一下？因為我最近手頭有點緊，九個月後再過戶給你，那１５萬元，我想先拿去周轉，不知道你方不方便？」

「好！九個月一下就過去，沒問題！」

不過，我還是打了電話問代書：「李代書，九個月後才過戶有沒有問題？」

「對方雖然把權狀、印鑑章、印鑑證明、雙證件帶來了，他現在要先拿１５萬去周轉，但是因為他缺錢，三個月之後，他如果１５萬花完了，他有可能會說他遺失權狀，再賣第二次，就是俗稱的『一屋二賣』，到時你怎麼辦？」

　　「蛤！這就是很有名的一屋二賣。那怎麼辦？我答應他了？」

　　「不用擔心！明天一大早，我先設定二胎給你，同時也將他的權狀預告登記給你，一旦做了預告登記，之後他如果要偷偷賣，或找任何一個代書要幫他偷賣，過戶之前還是會請出謄本，謄本上面都會顯示有二胎且已經預告登記給你，除非你同意，否則無法過戶給任何人。」

　　很多時候，找專業人士協助，還是有一定的道理，沒有這位長期合作的代書，就不知道有「預告登記」這件事，到時被一屋二賣，就很麻煩了！

　　同樣的道理，當你想要買房子，在調出謄本時，也

別忘了看一下「預告登記」這一欄，有沒有屋主以外的名字，如果有，肯定要大大的留意一番，別成為那個「一屋二買」的買家之一。

超級祕密

事後包

如果，業務員手中有很好的機會，要怎麼保證他會先將這個機會給你呢？

有一個方式是採用「事後包紅包」（通常是給 Sogo 禮券或 7-11 禮券）。

很多公司都明訂不能收受紅包，不過事情成交後包的話，相當於表示感謝，就比較不會有「收回扣」的感覺，而業務員也會因為你的感恩而將好機會告訴你，何樂而不為？

祕密**4**

善用額度，
賺更多

四個守則，讓你的財商腦升級

　　愛因斯坦說：「想像力比知識還重要。」那麼，希望成為富人之前，肯定有比努力存錢、賺錢更重要的事。

　　在此，我提出四大守則，只要交叉運用，就可以將時間與錢發揮到極限。

　　這四大守則的原理，來自於兩個公式：

　　一、自己的錢加上別人的錢，等於實際所花的錢。（中間會有浪費的錢）

　　二、自己的時間加別人的時間，等於實際所花的時間。（中間會有浪費的時間）

　　從這兩個公式中，我們可以看到的元素有：自己的錢、別人的錢、實際所花的錢、浪費的錢、自己的時間、別人的時間、實際所花的時間、浪費的時間。

在上述的元素中，最常大量被用到的則是：自己的錢、實際所花的錢，自己的時間，及經過的時間。

富勒博士曾經提到：「當你有一百萬存款的時候，只要你願意假設是負債一百萬，那麼，你就會變聰明。」可見，「以退為進」是非常強大的做法。

而我所提出的財務智商四大守則，也與富勒博士的以退為進，有著一定的關係，這四大守則分別是「**全貸**」、「**轉賣價差**」、「**省自己的時間**」和「**周轉率**」。

以房地產為例，相信大家都希望儘量不要花自己的錢，在房地產的術語上，就稱為「全貸」──全部貸款，連頭期款都免了。

再以買賣房子為例，大家一定也希望轉賣時，價差愈多愈好，所以，愈多及愈高的「轉賣價差」，也是致富的守則之一。

「省自己的時間」指的是「盡可能找專人來處理」。例如：向仲介買物件、請仲介報物件給你──這麼一來，你的時間就可以用來做更高時間價值的事情。

第四個守則是周轉率。

任何事情周轉率愈快愈好，愈有效率愈好。

周轉率也就是所謂的「省經過的時間」。

活用四守則，最重要的擺前面

請問，假如你現在有一千萬以上的存款，在四個守則中，最重要的是哪兩個？

第一個重要的，絕對是**周轉率**——讓你的錢愈有效率的轉出更多錢。

那麼另一個呢？

到底是「儘量不要花到自己的錢」為主呢？還是「買下一筆後，價差愈多愈好」呢？或者「買下一筆不要花到自己的時間」呢？

有句話說「有錢人最在乎的是時間」，很明顯的，當存款達一千萬以上時，時間，是第二重要的。

也說是，盡可能不要花到自己的時間。

為何時間如此重要？

假設，Ａ小姐是一位企業家，同時也是一位母親，他告訴兒子：「我非常非常喜歡你，但是我要請保母二十四小時帶著你。」

　　聽到此，兒子非常困惑！不了解為什麼媽媽這麼喜歡他，卻又要找二十四小時保母帶？

　　兒子很希望，他能夠時間到了就回家和媽媽在一起。

　　Ａ小姐告訴兒子：「我給你一個選擇，一個是媽媽專心陪你，但是存不了錢，另外一個是媽媽專心賺錢，叫保母陪你，可是媽媽賺的錢最後都給你繼承。」

　　「那不用選了！媽媽還是認真賺錢吧！」

　　上述的故事，當然是虛擬的，我只是為了讓讀者朋友們了解，要從對方的角度來想時間才是關鍵。所以，當你存款有一千萬以上，儘量用別人的時間，比如找保母來帶小孩，或者是在做任何事情時，盡可能買別人的時間。

存款不同，致富順序也不同

當然，如果你現在存款不是一千萬，而是一百萬以下，這時候錢不多，那麼，最重要的是什麼？

除了效率以外，另外一個重要的是「買下一筆儘量不要花到自己的錢」──即以全貸為主，也就是我在書中提到的「先估貸款再出價」，估出來可以全貸才買。

但當你的存款在一百萬到九百萬之間時，對你來說，法拍屋雖然需要卡一點錢，未來卻可以賺更多價差。

存款一千萬以上呢？當然就以省自己的時間為主。

人可以損失的東西有兩個：一是損失錢，一是損失時間，所以，儘量不要花到自己的錢，儘量不要花到自己的時間，或者是儘量使用別人的錢，儘量使用別人的時間，善用這四個守則，就能讓你的財務智商提升，更快往致富之路前進，做什麼都順！

有時，眼前虧造就大前途

在本書中，你會發現我不只一次強調：不要貪圖眼

前的利潤，要為了長遠的利潤著想。

　　這句話，源自於李嘉誠。他說：「犧牲眼前的利潤或給紅包，是為了長遠的利潤。」

　　你，聽過三隻小馬的故事嗎？

　　在草原中，有許多的蒙古人，他們看到草原上出現了一群馬匹，大家莫不躍躍欲試。

　　首先，一位壯漢上場。他看著眼前有小馬、一隻是中母馬，另外是大公馬，心中開始盤算著要套哪一匹。

　　小馬比較好套，但大公馬套了就可以賣掉，還能炫耀自己的實力，當然要套大公馬。

　　決定好策略後，他眼睛一瞇，丟出繩套，果真套住了大公馬，也贏得了在場人士讚賞的眼光。

　　在壯漢身旁的，是一位瘦小的男子，他的眼睛直盯著小馬兒看。

　　壯漢瞄了一眼小馬兒，得意的對著瘦小男子說：「以

你的體形，套小馬是對的！」

一旁的人聽到了，紛紛大笑，眼神中帶著嘲諷。

「不，就算我像你這麼高壯，我一樣會選小馬。」瘦小男子笑著說。

大家聽到瘦小男子的回答，都楞住了。

「當只能套一匹馬的時候，一般人都會先套大公馬；當大公馬被套住時，母馬和小馬會繼續往前跑；如果套母馬，公馬跟小馬一樣還是會往前跑；如果套的是小馬，母馬就會往回跑，而馬是草食性動物，小馬過沒多久會變成大公馬，不是嗎？」

語畢，瘦小男子將手上的繩套一丟，套住了小馬兒，果然如他所料，母馬因不捨小馬，回頭看了一下，於是又被擒住。

這下子，瘦小男子得到了兩匹馬，而壯漢只帶回了一匹。

人生，也是這樣子，大部分的人都只會看眼前的利

潤，而不去尋找「眼前吃虧，長期占便宜」的優勢。所以，
如果你也希望像李嘉誠一樣強，請永遠記得三隻小馬的
故事。當你遇到一件事情時，可以將事情的好壞利弊想
像成大公馬、母馬和小馬，測試看看怎麼樣做最值得，
值得的事情就重複做，讓自己變得愈來愈強大。

善用額度，日子會不一樣

額度＝你的存款＋可以借的錢

大部分的人都不喜歡跟銀行借錢──除了買房或買車。所以，大部分的人也不會想到要向銀行爭取貸款額度。

這有什麼差別嗎？

差別非常的大。

讓我們來看看兩對夫妻的故事。

甲，乙兩人，在同一家公司上班。

甲先生和太太兩人，平日省吃儉用的存下五十萬，他們完全沒有欠銀行任何錢，額度等於五十萬。

乙先生和太太來自於較貧窮的家庭，他們一直以來都在練習怎麼樣可以借到錢，有一次，乙先生的媽媽生

病了，臨時要三十萬，他們就借出信貸三十萬，後來很節省的將三十萬還掉了，所以夫妻之間，共有兩百萬信貸的額度可以借。

有一天，他們的同事介紹了一個投資，最低額度要五十萬，但聽起來十分有「錢」途，甲，乙兩人都非常心動。

回家後，甲先生與太太商量再商量，討論又討論，決定要將辛苦存下的五十萬拿出來投資。

乙先生沒存錢，只好從原本信貸中，借出五十萬。

假設現在出現兩個非常好的法拍屋物件，總價是兩百五十萬的小坪數物件，甲乙夫妻都決定投資一筆。法拍屋要卡兩成的頭期款，也就是五十萬元。

因為奢侈稅的關係，因此兩夫妻都決定兩年後再出售，有可能可以賣到三百萬以上，等於是卡五十萬頭期款賺五十萬。

在這兩年出租過程中，甲夫妻一直擔心房屋租不出去，資金會很吃緊，因為每個月要一直用現金繳貸款利

息，看著存款簿的數字一直減少，兩夫妻常常因此吵架，每個月的利息壓力很重，家庭氣氛也不好；而乙夫妻的話，一樣卡了五十萬的頭期款，兩年後賺五十萬，但是中間完全不用擔心現金不夠繳貸款利息。

第一對夫妻有存款五十萬，第二對夫妻完全沒存款，兩年之後都賺了五十萬。通常一般大家都認為說有存款的人比較容易變成有錢人，然而從這例子當中，我們可以發現不管有沒有存款都可以變成有錢人，這就是額度的優勢。

債務 vs 額度

　　P先生，在報名高階學員後，很緊急的希望與我約在臺北見面。

　　見面時，他激動的說：「老師，我的財務狀況很糟，我目前二十五歲，債務有五十萬，明年因為入不敷出，所以明年債務是六十萬，老師，我該怎麼辦？」

　　「你有沒有信用瑕疵？如果有的話，只剩一條路。」

　　「剩下哪一條路？」

　　「就是用讀書簽證去澳洲打工一趟，因為任何一個人只要有信用瑕疵，聯徵上面會顯示兩到五年之內不能借任何錢，所以如果是這樣的話，你只剩最後一條路，就是用讀書簽證順便去澳洲打工。」

　　「我沒有那麼慘，我只是負債累累而已。」P先生

說。

「其實，債務五十萬還好，先告訴我這些債務是怎麼來的？」

「啊就我十幾歲的時候，因為家裡很窮，媽媽說如果我想要繼續讀書，要自己處理學費，所以我就有學貸。」

「嗯，其實很多人都有學貸，這狀況還正常，你繼續說。」

「畢業的時候，我愛上一個漂亮女生，所以交女朋友嘛你也知道～嗯～財務就更嚴重了，所以，我女朋友一直跟我提出『分手』，老師，你認為我要怎麼做？」

「通常，解決債務最快的方法，並不是去加班或者想辦法過節省的日子，而是借更多的錢。」

「什麼？借更多的錢，那不是以債養債？」P先生嚇了一大跳。

「當然不是，你聽我說，政府規定每一個人最多只

能借月收入的２２倍信貸，你目前收入是五萬塊，五萬塊的２２倍，恭喜你可以借１１０萬的信貸，一百一十萬減掉明年你說會達到六十萬，所以，你還可以再借五十萬的信貸，這樣算下來，一年負債十萬塊，所以，你不會明年就死，至少還可以再活五年。」

「所以我現在的狀況是，還可以再活五年？」

「對，如果你還可以活五年的話，你女朋友五年後才會跟你提出分手，所以你的問題是五年後才會發生。」

「聽老師這麼一說，我就放心了！」Ｐ先生終於不再激動，隨後，雙眼發出亮睛睛的光芒問：「老師，我迫切的想要知道第二步驟。」

「你有沒有親朋好友是公司老闆？」

「有，我阿姨。」

「好，那你去跟阿姨說，請她再給你一份事情做，因為你想要趕快還清債務。」

通常，只要是親朋好友，看見年青人這麼努力向上，

都會願意幫一把（除非公司也入不敷出）。

「好，接下來呢？」

「假設你阿姨給你每月薪水兩萬五，再加上你原本的薪水五萬，是不是就七萬五千元？根據剛才我說的２２倍，你可以使用的信貸會變成多少？」

「一百六十五萬元。」Ｐ先生拿出計算機。

「看，你可以一百六十五萬元的信貸，然後你明年才欠六十萬而已，這樣算下來，你還可以再借一百零一萬的信貸，還可以再活個十年。」

「可是，我這樣還是有很多債務耶。」

「所以，你一定要學習投資，比如研究股票——你平日多學習正確的股票投資方式，我就不信這十年之間，不會出現股災，假如出現股災了，再投資股票，這麼一來，等到股票漲了，應該就很有機會還錢，而且說不定還多出很多。」

我認識不少高手，都是年紀輕輕就有一身股票本領，所以我相信，只要願意學習研究，不走旁門左道，是有

機會解除債務的。況且十年很長，在這中間，只要本業走到一個程度，薪水也會跟著往上走，不會太差。

　　所以，有債務不要自己嚇自己，你該學習的，是如何讓自己變強！

平民也能成為銀行 VIP，
拿到好利息

在我的高階學員中，幾乎八成以上都是銀行的 VIP。

成為銀行的 VIP，可擁有更高的額度，對於未來需要資金時，可供靈活調度，有很即刻的幫助。

要成為銀行的 VIP，難嗎？

其實，一點兒也沒有想像中的那麼難。

有一些較小的銀行，只要放一百萬／三個月，就成為小銀行一百萬的 VIP，可以保留一年的等級。

有些銀行，只要放三百萬三個月，就可以比照軍公教人員，讓你設理財型信貸，並可保留五年，所以，如果你有機會可以成為三百萬 VIP，請別忽略這個好康。

三百萬 VIP 還有第二個好處，即，當你要買房子的

時候，一般人可以貸八成，VIP 通常可以貸到八成五到九成五，而且，前五年只需付利息，是不是很棒呢？

「老師，你說的當然很好，可是，我們又沒一百萬，更不可能有三百萬，要怎麼做啊？」U 小姐問。

「只要懂得一些技巧，只放十萬塊三個月，就成為銀行一百萬的 VIP；三十萬三個月就成為三百萬 VIP 喔！」我說。

方法就是使用定存單質借。

不曉得讀者朋友們有沒有聽過保單質借？

只要你有保單，就可以用保單借錢，稱為保單質借。

相同的，定存單也可以質借。

「也就是，只要你走到小銀行裡，拿出一百萬辦定存，就立刻可以借出九十萬。」

「可是，我哪來的一百萬？」U 小姐很懊惱。

「這個，就要看你的臉皮了，你可以跟爸爸媽媽哥哥姊姊說，請他們借你一百萬，只要借十五秒就好。」

「然後，就去辦定存，辦完後再借出來九十萬還家人，十五秒搞定。」

沒錯！

「那還有十萬呢？」

「好歹你自己也要有錢吧！連十萬都沒有也不行的。」

如此過了三個月後，U小姐就成為這家銀行一百萬的 VIP 了。而且從結果論來看，她只放了十萬塊三個月，就成為銀行一百萬的 VIP，並且可以保留一年，而且借出來的九十萬利息，一年只有加１．５％而已，非常非常的少。

相對的，三百萬 VIP 也一樣，你只要跟家人借三百萬，走進銀行裡面放三百萬，立刻借出兩百七十萬還給家人，再從你的存款簿裡面拿出三十萬給家人，一樣十五秒完成。

所以，從結果論來說，只要放三十萬三個月，就可以成為三百萬的銀行 VIP，且可以保留一年。

「那，一年後呢？」U小姐問。

「一年後，就重複同樣的動作，就可以了。」

原則上，如果你是三百萬的VIP，一開始借出兩百七十萬，第四個月的時候，銀行還是會還你三十萬。

你聽過卡片的最高等級──黑卡嗎？

只要放八百萬，然後借出七百二十萬，就可以擁有黑卡。以結果論來說，其實只要放八十萬三個月就可以了。

無論是一百萬，三百萬或黑卡，只要保留了這樣的資格，日後要辦房貸或是信貸，都有比一般人更好的優惠。而三百萬VIP，刷飛機票會打七折或升級頭等艙，你會有貴賓室可以休息，接駁車是免費的，有些銀行是「認卡不認人」，如果自己用不到，剛好親人要出國，也可以給親人使用，非常好。

不說，大家是不會知道的，而這就是你比別人強的祕密。

六個月，貸到市價七成的方法

　　如果為了貸房貸，只要每個月十號以前，在銀行存28700元，再把它領出來，下個月再存28800，再把它領出來，再下個月存30200，超過六個月之後，買房子就可以貸到市價的七成。

企業貸款，強更強！

怎麼樣才叫強？

對我來說，懂得使用好的方法，達到更高的境界，就是強。

一次演講後，一位男性跑來說：「老師，我非常的強。」

「哦？到底有多強？」

「我從小就在夜市跟媽媽一起賣水果、賣衣服，非常的賺，一直到四十五歲之後，我終於存了三百萬，同時也開了一家按摩店，花了三百萬，可以借企業信貸三百萬。」

「你這沒救啦！有 VIP 加卡友等相關的方法，就可以信貸兩、三百萬了，你竟然花了三百萬，只能借到

三百萬，這完全是錯誤的！最好是，只要花二十到四十萬，就可以借到五百到一千萬。」

「這怎麼可能？」

有的。

首先，頂下一家便利商店或者是房屋仲介店。頂下來之後，由於這些店的營收高，所以很容易就可以借到五百到一千萬的企業信貸。

政府或銀行法都有規定，每個人最多可以借年營收的三分之一，但是不可以超過一千萬，而每一家仲介營收都差不多三千萬，所以，如果你拿出二十到四十萬，頂下一家房屋仲介店的話，就可以有一千萬的企業信貸。

在頂店時，要記得看哪一家租金比較低，千萬不要頂靠近火車站或捷運的店，這些好地點的店，一個月租金可能要二、三十萬，所以，頂店時以租金愈低愈好。

假設頂的店每個月租金最多一萬塊（有些城鎮租得到），二到四年後，再以二十萬到四十萬頂出去，事實上並沒有花到錢。

房仲業在每年的鬼月，通常會賠錢，所以，當月賠掉一萬元租金、一萬多元的加盟費、水電費，其他月分正常來說並不會賠，卻可以借到五百到一千萬的企業信貸，是不是另類的思考？

　　「但是，我不知道怎麼管這員工。」聽到這裡，這位從小就跟著媽媽做生意的男性，懊惱的說。

　　不不不，重點不在於管員工。由於很多仲介是沒有底薪＋獎金對拆的，頂下店之後，只要跟仲介說：「你們原本成交一筆農地，有一百萬仲介費，其中，五萬塊是要政府拿走，剩下九十五萬是對半分，因為我們要讓你有飯吃，所以這九十五萬原本是對半分，現在全部都給你們，我們只拿五萬塊起來就好了。」

　　這麼一來，相當於90％都讓仲介拿走，仲介們通常會很感動。

　　此時，也要跟仲介們約法三章：「第一件事情，千萬不要離職。」

　　原因在於，頂了店之後，最多可以借到年營收的三

分之一，但是不可以超過一千萬，假如仲介一離職，就沒有營收了。

第二件事情，仲介一旦出了名，難免會私下接案，所以，要請仲介千萬不要再私下接案。

當出名的仲介真的不再私下接案，那麼店面的營收將可能成長兩倍，營收一高，可貸的款也更高。

「咦？可是，一開始只需要二十到四十萬頂店？」男性很好奇的說。

的確如此，但要看地區及景氣，尤其房產景氣不佳時，仲介頂店的可能性是非常高的，此時如果將店頂下來，並懂得運用企業貸款，你變強的可能性，甚至比你想像的多出更多。

出租取代擁有的故事

我很喜歡用故事說觀念。

很多人都覺得，能夠擁有就不要用租的，能夠自己出錢就不要用借的——在這邊，我想用一個「用出租來取代擁有，最後變成有錢人」的故事，再一次告訴大家「借，不一定不好」的觀念。

這個故事是這樣的：

有一個猶太人，他在四十五歲時，很節省且辛苦的存了一千萬。

接下來，他的目標是成為億萬富翁，並希望加速流程，於是，就去參加有錢人的聚會，並認識了一位億萬富翁。

不久後，猶太人請億萬富翁到家中吃飯，吃飯時，

億萬富翁對猶太人開口了：「叫你老婆不要再煮菜了，我們來聊一下吧！」

「我老婆和我都很喜歡煮菜，再等她一下就好了。」

又過了半小時，億萬富翁有點生氣的說：「真的教你老婆不要再煮了，那是傭人要做的事情。」

此時，猶太人的老婆開口了：「剩下一道湯而已。」

就這樣前後將近忙了兩小時，猶太人的老婆終於可以坐下來與億萬富翁聊一下天。

只見，億萬富翁語重心長的說：「我現在跟你們講一件事情，你這樣不行的，如果我每次來你們夫妻兩個就非常非常忙碌像蜜蜂一樣，那我怎麼可能請其他朋友來呢？所以，你們一定要改變這個錯誤的方法。」

「呃……怎麼改呢？」猶太人夫婦一頭霧水。

「我就給你九十天好了，九十天後，我會再來你家吃飯，到時，如果你家裡面沒有傭人，我跟你保證，我這輩子絕對不會叫任何一位富翁朋友來……你要成為億萬富翁，就要跟我們做相同的動作才可以。」

富翁的要求，也造成了猶太人夫妻的困擾，要知道，他們可是過著很節省很節省的生活，好不容易才在四十五歲存到千萬，而且，太太也非常喜歡煮菜，而億萬富翁卻要他請傭人⋯⋯這，似乎成為無解的問題。

猶太人決定，如果六十天想不出方法，第六十一天就請傭人。

果然，過了六十天，猶太人還沒想出解決的方法，第六十一天時，也被迫請了一個傭人，沒想到這一請，解決之道也跟著出來。

第二個禮拜，猶太人立刻邀請億萬富翁來聚餐。

億萬富翁一進到餐廳，看到猶太人一次就找了兩個傭人——一個負責煮菜，另一個傭人則在旁服侍，心中也開心不已，邊吃飯邊講了很多重大的祕密，讓猶太人的事業一下子大起飛。後來，他除了想跟億萬富翁在一起外，也收編了很多的百萬富翁，了解這些百萬富翁的祕密。

猶太人常常請百萬富翁來吃飯，有一次，其中一位

百萬富翁說：「猶太老哥啊！你們不是很節省才變有錢人嗎？」

「沒錯啊！」

「那為什麼你家裡面有兩個傭人呢？」

「那是假的！」

「什麼？她真的是人啊！」

「不是這個意思，她們是『假日式』女傭，平常不會來。」

「所以，她們是『租』來的？」

「沒錯！就是假日式女傭。」

「可是……不合理啊！」

「怎麼不合理？」

「我有一次禮拜三來的時候，我還是看到那兩個女傭。」

「因為你跟我講說禮拜三臨時要來，所以我們決定臨時叫她們加班，所以她就真的加班。」

「這樣子喔？可是……還有一件事我也想不通～為

什麼你車庫裡面有兩輛跑車？」

「那也是假的！那是租來的，每個禮拜五晚上，租車公司就會派人將車開過來，禮拜一的早上再開走，假如我完全沒有將車子開出去，租金還可以打五折。」

「可是？有一次禮拜三，我還是看到兩輛跑車？」

「喔，這道理和傭人一樣，你臨時告訴禮拜三要來，我決定一不做二不休，同時找傭人跟跑車。」

百萬富翁才知道，原來，猶太人的兩個傭人、兩部跑車，但，全都是租來的。

說這個故事並不是要大家作假，而是要告訴讀者朋友們：這輩子要存到兩三百萬並不算容易，但要借到兩三百萬並不難，只要能夠借到兩三百萬，你的身邊就會圍繞著存款有兩三百萬的人，有一天，你的存款就真的有兩三百萬。

有的時候，用出租來取代擁有，以小博大，四兩撥千金，也是一種解決問題的方式。

祕密 **5**

提前卡位，
來日賺大錢

利用空窗期

　　很多時候，只要你資訊夠快，就能運用這些資訊來幫助別人，幫助自己。

　　某一年的三月，菲律賓的賭場即將開幕，在這之前，我聽到學員的朋友Ｈ先生說：「這個賭場用高薪來挖幹部，很多人都是從澳門賭場挖角過去的，所以澳門賭場暫時出現人才荒。」

　　聽起來，似乎可以利用這個「空窗期」來做些什麼事！

　　「所以，從三月十五號到六月十五號之間，只要願意去澳門賭場應徵，錄取率很高。」Ｈ先生再加一句。

　　「澳門賭場到底有哪一些好處？」我問。

　　「澳門賭場的第一個好處，就是可以應徵工作。以前沒有出現人才荒的時候，會有相關單位先在臺灣辦面

試說明會，面試後有百分之二十的機率成功。現在因為出現人才荒，直接過去被錄取的機會更高。不過，女生比較吃香一點兒！」

H先生繼續說明，只要是漂亮的未婚女性，通常很容易錄取，如果是男生就一定要高大帥氣，並且會講英文，要懂「實戰」的，比較容易會被錄取。

「還有別的好處嗎？」

「有，澳門賭場還有第二個好處，如果你去到澳門賭場，你一開始如果拿出十萬，他就借你一百萬，你拿出一百萬臺幣來，他就借你一千萬，總之，你拿出多少錢來換，他就借你十倍，因為數字實在太大了，所以，政府有出面擔保，可以讓人定存在澳門賭場。」

沒想到，除了可以在銀行郵局定存外，賭場也有定存？

「利息應該很高吧！」既然是賭場，絕對不會太低。

「總共是１３％，存款人一年１２％，介紹人分１％，除非賭場倒，否則會準時支付這１３％的利息，不過……最小單位五百萬臺幣起跳。」

接下來，H先生又告訴我，只要介紹十五個人去賭場參觀，其中只要有人下去賭，有借錢，這位介紹人都可以分到千分之五的佣金。

「這樣不太好吧？那有點不道德。」

「老師，你反應過度了，如果你是證券員，請問一下，你的客戶一定要贏，你才分得到佣金嗎？」

「當然不是啊！只要客戶有買股票，就有佣金可以抽啊！」

「沒錯，所以，我的意思是，來賭的人，不用輸，介紹人都可以分。」

「那你先講一下好了，怎樣叫做不用輸也可以分？」

「好，你只要帶他去換籌碼。」

「換籌碼就可以分？」

「不是，你帶他去換籌碼，換完籌碼之後你帶他去賭大小就好了。」

H先生說明，一開始拿錢換的是原始籌碼是紅色的，賭贏的籌碼是綠色的。此時再將賭贏的籌碼先去換成原本的紅色籌碼，只要有「換」的這個動作的話，就可以

分千分之五。」

「哦！瞭解了，原來是這樣子的！」

「假設不輸不贏，賭了一百萬後不輸不贏，也可以叫對方將這一百萬拿去換籌碼，一樣可以分千分之五。」

「不過，人的天性是會輸到不能輸為止的極限，如果一百萬輸掉了之後，我們願意借他一千萬，讓他繼續玩下去。」

「瞭解了，所以相對來說，只要你介紹我過去，然後我下去賭，你就有千分之五的佣金可以分？」

「答對了！這就是為什麼我們願意招待你三餐的原因。」而且，還有喔～

H先生突然露出了一個神祕的笑容說：「你們只要下去賭，因為賭的百分之八十是男生，結束之後，我們會派出一個漂亮的女生陪你們去吃消夜。」

是喔，還有這一招！

此時，手機突然響起，剛好是老婆大人打來的。

女人，果然很敏感！

照著做，幾乎不會錯

　　H先生說完了澳門賭場的好處後，聊著聊著，也談到臺灣可能會設賭場的事。

　　「我跟你們保證，到時候這個設有賭場的地方，會填海造地。」

　　哦？這倒是很特別的事情，引起了我的興趣，我挑挑眉，示意H先生繼續說。

　　「當初澳門賭場原本是個小漁村，就只有幾萬人口而已，對香港人來說，我們是外勞，完全沒有什麼地位，但是，我們那時候推一個移民政策：任何人只要拿出五百萬來澳門賭場定存或是投資，兩年後不但有澳門身分證，而且，有投資就有配地，每投資五百萬，就送你未來市價五百萬的地，這些地都是填出來的……這是

十五年前的事，只要投資五百萬，就送你五百萬的地，只不過五年之內不准拿來賣。」

嗯，聽起來有點兒類似合宜住宅，抽中了後，幾年內不准賣。

「你知道，如果十五年前投資五百萬，除有了一家五口的身分證，加上現在可以配福利金以外，現在，那邊的地變成多少錢嗎？」H先生出了一個題目問題。

「多少？」

「現在一坪價值兩、三百萬啊！真的是富可敵國囉！」H先生愈說愈激動。

不只他激動，我心中也十分興奮。

天啊！如果到時候馬祖或金門有賭場並且招商，一定要去參加說明會，如果投資五百萬就有配地，那不是太好了？

看看澳門，從五百萬到每坪兩、三百萬，投報率之高真的可以吃好多代了！

導遊執照別忘了

　　H先生離開時，還送了我一個祕密，那就是導遊執照。

　　「你們的賭場一旦蓋好，到時候很多人會開旅行社，如果你有導遊執照，就可以談插乾股。」

　　H先生的朋友就是這樣子拿到了兩成的技術股。

　　哇～真的沒想到，原來，一座國際賭場的興建，背後的好處及祕密這麼多。

這個時候，就要看**短期**

　　在前文，我提到要想遠一點不要看短期利益。

　　不過，也有例外的。

　　大部分的投資人，喜歡說長期賺了多少％。

　　但如果能夠短期獲利倍數，那麼重點就不在於長期的％數。

　　尤其，當長期又有著風險存在時。

　　話說學員Ｖ先生聽了澳門賭場的故事後，立刻將頭腦動到了之前我提到的信貸上。

　　「老師，如果馬祖或金門的賭場設好了，我就借出信貸五百萬，然後去賺那１２％的定存利息，是不是很棒！」

當然，一點也不棒，不但不棒，還是笨蛋！

如果有機會，我們要賺的是「倍數」，而不要在乎眼前的小錢。在乎眼前的％數，只會引來景氣循環跟災難。

假設賭場開了，政府同樣祭出五百萬可配地的方式，那麼，五百萬當然是拿來配地，然後再以信託預告登記的方式，將地賣掉賺兩百萬，這樣子相當於一毛成本都不花，就有兩百萬的收入了。

從長期來看，很多東西會倒；短期則不會，在這個時候，我們要看的就是短期而不是長期了。

以雷曼兄弟為例，很多人就是借％數去投資雷曼兄弟，最後還是倒了。

所以，槓桿之所以有風險，很多時候是因為原本想借％來從事長期的賺錢法，卻沒想到「長期」會倒。

重點，其實不在長期或短期，而在於風險。

掌握住風險，就贏了一半。

參加創業說明會，得利多多

不想一輩子拿人薪水，那麼創業如何？

如果你想創業，或你覺得有一天可能會創業，我建議大家一定要去參加 7-11 或麥當勞的創業說明會。

從便利商店學「既定收費」

7-11 有「年度收益保障」，他們有專人幫忙挑地點，你只要花三百萬開店，7-11 會保障每年營收兩百二十萬。如果經營五年不會倒，除了拿回本金三百萬以外，幾乎可以再賺一個三百到五百萬。

那麼，如果年度營收不有到兩百二十萬怎麼辦？

總公司會以現金補足。所以基本上，是一個很不錯的創業。

麥當勞則是保證兩年有一千萬的營收保障，不過，加入的門檻也相對的高。

　　J學員是一個店面投資人，他喜歡在ＯＯ交流道附近看店面，幾乎每半年，就會買一筆店面。

　　他以「先估貸款後出價」、「成為銀行 VIP 戶」的方式，從百筆店面中，挑到低於市價的店面，加上身為銀行 VIP，市價一千萬的店面可以貸到八百萬，並以五年支付利息。

　　有一次，他開車帶我去看他曾經買過又賣掉，及剛買下的店面。

　　愈看，愈奇怪。

　　「你買的這些店面，怎麼都這麼奇怪，不是多邊型的，就是格局很怪的。」我問。

　　「這樣才比較有機會買到便宜，然後再找機會立刻賣掉，幾乎都可以賺兩到三成。」J 先生說。

　　「你如何立刻賣掉？」我的生意人嗅覺，立刻聞到

了不同的味道！

「就是老師說的『借力使力』啊！」

「哦，說說你是如何辦到的？」

「首先，我去參加 7-11、全家，還有沒有年度收益保障的萊爾富，還有其他的便利商業創業說明會。」

J 先生說，因為有年度收益保障的及沒有年度收益保障的店，他都參加，發現一件很有趣的事：7-11 跟全家因為有年度收益保障，保證絕對不會倒；萊爾富因為他不是市占率第一，所以不能這樣做保證，但是「點」可以自己挑。

「我的天啊！如果點可以自己挑就發啦！」我說。

反正都是便利商店，第一名的 7-11，第二名的全家，還有第五名的萊爾富，都是用品牌效應！

「所以，我決定要開萊爾富。」J 先生說。

於是，J 先生開始狂看店面，每看一百筆店面，就對其中的十筆出「鳥價」，真的中了就買下來，租給想開萊爾富的人，再將店面請仲介賣出，並且賣的比附近

的店要低。

由於 J 先生的店面都是找交流道下來的地方，很多想在這邊囤店面的人看到 J 先生的店面價格比鄰近的店都低，且又有萊爾富的店面，相當於買了店面後就可以收租金，很穩定。

看到這裡，讀者朋友們會不會覺得一頭霧水：明明本文一開頭是請大家去參加 7-11 的說明會，為什麼故事會以萊爾富為例子呢？

別急，在此，我要告訴大家，7-11 的祕密。

7-11 已經是臺灣第一名的便利商店，所有的商品想在 7-11 銷售，都要給一定的「上架費」——光是這筆費用，就非常的高了，也就是開一家 7-11，每個月都有很高的上架費。

而我們從這個上架費中可以思考：假設你把自己當成是 7-11，那麼有什麼辦法可以讓別人來你這邊付「上架費」呢？

從麥當勞學卡位

了解 7-11 的經營模式後，再讓我們來看看麥當勞。

麥當勞，是全球定位的速食餐廳，在選擇地點時，通常會以「未來會大漲的地點」為主。

當店面買下來後，再辦說明會，加盟商只要願意花一千萬加盟麥當勞，每兩年就可以賺兩百到五百萬，算一算，幾乎兩年就回本了。

而，十年之後，麥當勞當初買的店面，也因為房價升高，店面價值也跟著水漲船高。

我們，要向麥當勞學習「卡到好位」，卡位之後再加上品牌效應，店面未來就會漲數倍，甚至數十倍，如此「地主」也贏，加盟者也賺到錢，形成「雙贏」。

參加政府舉辦的創業說明課程

除了民間企業外，政府也舉辦免費的「創業說明課程」，在課程結束後，會發給學員結業證書，拿到結業

證書者，之後創業就可以向政府借創業貸款，利息就低很多（１.９％）。

如果有創業的想法，建議可以早一點兒了解政府舉辦的創業說明課程，不但能夠從中學到創業的要件，還能啟發更多的思考。最重要的是有額度及對大筆金額的敏銳度。

曾經聽過一位超級業務員說：「月入３萬的人，是永遠無法想像／相信真的有人會月入百萬。」

同樣的道理，一個人接觸的數字，一直都在某個金額中，那麼就很難理解更大金額的運作。

如果希望自己能夠突破，那麼，就讓自己多接觸不同的數字，學習運用金錢的能量。

超級祕密

投資移民

　　提到移民，大部分的人會聯想到美、加。

　　其實，有些歐美國家，收入是我們的三到五倍，卻有「投資移民」的政策——只要促進當地二十個人就業長達兩年，政府就會讓你一家五口投資移民有身分證。

　　要怎麼做呢？建議找專業的投資移民公司協助。一位朋友說，投資移民公司在解釋某一個歐洲國家的投資移民政策時提到，只要頂下一家原本有二十多位員工的超市，兩年後，相當於促進二十多人就業兩年，這個國家就會給出一家五口投資移民的身分證，這方法不算難，費用大概是五十到一百五十萬臺幣左右，對於想投資移民，改善家裡人口工作權的讀者們，或許是另一個思考方式。

名人的**卡位**故事

卡位，真的很重要！

如果你有足夠的資訊，又懂得分析資訊，那麼就會賺到很多因卡位而來的資金。

現在，請看一個在企業界發生的事。

商界名人的卡位故事

W先生是商界名人，他得到一個消息：只要募集了一千億到某個國家欲發展的甲地區蓋廠，就有至少兩項優惠：1、五年幾乎不用繳稅；2、送價值一千億的地（類似澳門的自填地）。

不過，條件是十年後才能賣地。

無論怎麼算，W先生都覺得這是筆好生意，於是也

開始募款，並告訴投資者：「到時候配到的地，可視投資金額的分配來看，會拿到七成。」

十年過去了，W先生的本業經營的不差，但偶有聽到「強敵」出現，讓人擔心會不會經營的很辛苦？所以，才要將主力，從甲地區移到乙地區？

唯有熟知箇中祕密的人才知道，W先生這麼一移，原本甲地區的土地一賣，已經賺了三千億。

至於本業到底賺不賺？毛利低或高？與這十年賺三千億來比較，似乎不算什麼了！

所以，為什麼我在書中一再強調「額度」的重要，就是這個原因。

現在，貧富差距愈來愈嚴重，許多有錢人就像W先生一樣，拿別人的錢（募資）且不需要擔風險，十年後土地一賣，又是一筆天文數字，是不是很令人羨慕呢？

媒體名人的卡位故事

不只企業界富人有很多賺錢的資訊，有時候，媒體

人因為認識的人多，也會發生一些讓人意想不到的事情。

學員 S 小姐的爸爸，在數年前參加媒體名人辦的精品講座，費用非常的高，S 爸原本是為了了解精品而來，沒想到在現場，卻聽到名人說近來有一個到國外投資的計畫，S 爸覺得很有商機，也就繳了二十萬元，跟著名人出國「考察」去了。

考察的地點是一個還未開發的地區，而且還是沙漠，但據說未來會成為「農業經貿特區」，這⋯⋯

「任何人只要湊齊十億，促進當地就業機會，並有名人擔保，就送十億的地，但五年不准賣。」當地政府強調。

於是，這位名人也告訴所有考察團的成員，五百萬為一個單位，地也會看投資比例來分配。

「可是這是沙漠啊？而且沒水。」團員們覺得很奇怪。

「水？沒問題！大概十年後南水北送，我們會用馬達，在黃河跟長江河水泛濫的時候，將多出來的水，抽

到這些沙漠，所以你不要看現在一片沙漠，最慢在十年之內這些沙漠會變成綠洲。」政府解釋。

不但如此，還祭出了一個利多：「不管種什麼，我們都保障收購，確保一個月可以賺二十萬。」種植的位置是附近的綠洲。

結果，Ｓ爸真的投資了五百萬，種了香菇，再加上經營廠房，總共花了一千萬。然後，不到五年，就將土地連廠房全都賣出，賺了八千萬。

看到這邊，讀者朋友們一定覺得很奇怪：不是五年內不准賣嗎？

因為，當水源源不絕的送過去後，附近的沙漠也成金，漲了二、三十倍，Ｓ爸分到的土地，在當時也飆到市價一億二千元，但他跟買方說好用八千萬賣掉，並且用信託的方式，兩年後再過戶給賣方，賣方覺得自己賺到四千萬的價差，而Ｓ爸也很開心的先將八千萬拿走。

好險，有信託

在這一個故事中，我提到了「信託」。

信託的效力，是在法律之上，無法被查封。

在房地產上，信託與預告登記的差別如下：

如果有一個人拿著權狀向你借錢，那麼，可以找代書或地政事務所辦理預告登記，讓對方的權狀先預告登記給你。一旦辦了預告登記，除非你同意，否則無法過戶給任何人，但是，當發生事情需要錢時，房地產還是有可能會被查封。

所以，如果有預先過戶的可能，並覺得風險太大，並希望房子不要被查封，那麼就要辦理信託。

預告登記的費用約四千元；信託的費用約一萬元，供參考。

先卡停車位致富

　　有時候，當你發現某些地方有「不合法」的情況出現時，或許可以多加研究，說不定就能找到致富的商機。

　　一位學員Ｃ先生在交流道附近，看到一位建商蓋了兩百戶的社區，社區旁邊就是一座公園。

　　兩百戶的社區，卻只提供了五十戶停車位，大家都搶著買停車位：你絕對想不到，在這個三級城鎮，停車位一個竟然也要賣一百萬！

　　當預售屋完工之後，沒有買車位的住戶們都發現，旁邊那個大公園停車方便，又有綠蔭且不需收費，於是，大家都將車子停到公園旁，導致大樓的停車位沒人要，也租不出去，結果，當初買車位的住戶紛紛便宜賣，明明是一百萬買的停車位，六十幾萬就賣。

　　Ｃ先生得知此事後，心想「樹大招風」，如果只有

幾部停在大公園旁，不會被留意，但假如大家都去停，將來是有可能被人舉發的。

於是，他透過總幹事先買了一個六十五萬的的停車位，並因為他有銀行 VIP 身分，又是卡友，最後竟然全貸，五年只付利息；接著，他又買了第二個、第三個……總共買了三十四戶，且幾乎每一筆都是全貸。

不久後，果然如他所料，一位檢舉達人在網路上向政府檢舉，提到「這個公園有人亂停車，導致出現死亡車禍，希望政府正視這個問題」。

反映之後，公園四周果然畫了紅線。

當公園四周全部被畫上紅線後，只要停了車就會被罰錢，住戶們首先就是看看社區有沒有車位可以買或租。

接下來的故事，相信讀者朋友們都明白了：持有三十四戶停車位的 C 先生，不但所有的停車位都滿租，就連租金也上調。其中，一位老先生在租了三個月之後，決定要出一百四十萬向他購買。

想當初，C 先生才買七十萬而已，竟然可以賣到

一百四十萬，賺了一倍。接著，他掌握這個商機，每三個月賣掉一戶，相當於每三個月就賺七十萬。

有一天，Ｃ先生晚上到公園慢跑時，發現有兩位車主竟然想趁晚上時，將車子停在紅線上，於是，他立刻打 110 報警，警察也立刻開紅單。

幾次之後，警察就在公園設了巡邏箱，上面貼的第一條公告就是：優先開罰單停在紅線上面的車主。

這麼一來，想買Ｃ先生車位的人又更多了，Ｃ先生也靠著他敏銳的金錢第六感，賺進了千萬元。

任何人，都可以從日常生活中發現商機，Ｃ先生從違法的公園停車，發現附近社區大樓的停車位商機，不但讓附近的死亡車禍機率降低，還可以從停車位中賺到一倍差價，還可以無限期收車位租金。

所以，下次如果在生活周遭看到一些違法的事情，不妨動動你的財商腦，或許可以找到石破天驚的商機喔！

股票，也可低風險操作

想要一家五口，在四年之內幾乎沒風險的，讓存款增加五十萬嗎？

提供一個方法：股票抽籤。

股票抽籤

簡單來說，股票抽籤就有點兒類似「印股票換鈔票」，通常，當公司需要資金時，會以低於市價的方式來辦理「股票抽籤」，也因為低於市價，絕大多數是抽到賺到，也算是一種「股票的卡位」。

首先，必須到證券行開戶。

接著，告訴證券行你想要股票抽籤，請證券行每個禮拜都傳資訊給你。按機率來看，只要每個禮拜五個人

都參與股票抽籤，平均大概四年，每個人都會因此賺十萬塊左右，幾乎沒有風險。

當你沒有太多存款時，非常建議大家都來學習股票抽籤。股票抽籤當然也有小小的風險，所以，建議大家在承銷價比市價低較多時，再參與抽籤，就可以避免抽中股票時，剛好股價下跌的波段風險。

股票三項操作手法

關於股票的操作手法很多，在此，我提供較低風險的方法：

一、股災時才進場；

二、權證；

三、政府的股票重大政策的時候才操作。

為什麼要股災時進場？

通常，當金融海嘯時，國安基金會進場，當國安基金進場時，一些報章雜誌（如水果日報跟數字週刊），也會報導出國安基金買了哪些股票。留意這些股票，只

要再跌 30％我就進場，這麼一來，當股票回歸到正常軌道時，賺錢的可能性也比較高。

第二個手法是，權證。

權證操作的方法很多種，簡單來說，每年的六月一日到九月底會有除權除息的行情，由於大股東會提早將股票賣掉，第二天再買回來，就會出現重大的能量差。

根據這個經驗，只要在除權除息前買股票，之後再賣股票，就可以因權證操作獲利，風險也不會太大。我們已經進行權證操作三年，發現它是一種非常穩定且報酬率高的方式，建議大家可以多了解各種權證操作法，找出最適合你的方法。

第三個要談的是，政府重大股票政策。

平去來看，政府約每兩到四年會公布一個與股票管制相關的政策，此時，也就是重大的利基點。

例如，有一年，政府公布 8500 點要課證所稅，導致股市快速漲到 8500 點，長達兩三年的大多頭；又，政府公布奢侈稅，導致房地產漲。

接著，政府又決定將 8500 點以上要證所稅的管制廢掉，導致波動過於劇烈，操作不易，此時，不妨留意選擇權與期貨。

如果，你希望從政府重要股票政策來賺投資財，那麼建議多研究先前的經驗，這麼一來，就有自己的定見，知道哪些政策會出現多頭，哪些會導致波動劇烈；何時可以買股票，何時可用選擇權、期貨來進行套利，為自己賺到更多桶金。

用定期定額買巴菲特股票取代基金

巴菲特是誰？

簡單介紹，巴菲特在 2010 年，為世界第三首富，以「價值投資法」聞名於全球的他，也被尊稱為股神。（不知道的讀者朋友們，請谷歌一下，保證資料看不完。）

巴菲特在 1965 年，買下「波克夏」，並開始建立他的投資王國，因此，每當我聽到朋友們在煩惱不曉得

要定期定額買什麼基金好時，我會建議買波克夏股票。

方法很簡單，只要在證券行開戶後，辦理附委託買美股的波克夏股即可。

這支股票的最小單位約莫是十幾萬，所以，只要每年（定期）都撥出二十萬（定額）買波克夏股，報酬率大約 10％～ 20％間，波動係數非常低，比所有的共同基金要來得更穩定，報酬率也高，具有雙向調節優勢，所以，當你不曉得該選擇哪一檔共同基金，或者對共同基金的績效不滿意時，或許可以試試每年定額買巴菲特的波克夏股。

祕密**6**

從無到有，
這樣成為有錢人

零～五百萬——
順序、額度、中古屋

變成有錢人的第一步，一定是要有第一桶金。

如果要擁有到第一桶金，方法就是存錢。

在前面幾章中，我已經告訴大家，存錢最重要的就是順序。同時，也告訴大家額度的重要性及成為銀行 VIP 的方法。

現在，就讓我用小 V 的故事來告訴大家，他從第一桶金到五百萬發跡的過程。

小 V 在存了一百萬之後，認定唯有買賣房子可以讓他的資金更快增加，於是，他先運用了銀行 VIP 方法，讓自己有三百萬元的信貸，接下來就開始看屋。

小 V 找了仲介，開宗明義的說：「我有一百萬，想

要買房地產，你幫我找急賣的物件。」

半年後，出現一筆急著賣的物件了，那是一個市價一百五十萬的小套房，屋主急售只賣一百萬，非常非常便宜。

由於小V不認識代書，所以就按照我說的第二個方式「找銀行練習估貸款」，找了臺X銀行的網站，鍵入物件的地址，然後發現，這間套房，竟然可以貸一百萬。

「老師，請問一下，我要用現金買房子呢？還是把一百萬去定存1％，然後用一百萬的房貸來買房子呢？」

我說：「當然是後者。」

不然你想，那麼多企業家及富人，為什麼要跟銀行借錢？難道他們沒錢嗎？

所以，當小V有一百萬可以買一百萬套房的時候，要忍住不要拿出來，「留得青山在，不怕沒柴燒。」會引來意外的好處。（附帶一提，如果外幣定存高於房貸利息，那麼更好。）

於是，小V就跟銀行用房貸一百萬3％的利息，將

套房買下來。買下來之後，發覺到租金扣掉利息還有賺，加上他是銀行的 VIP，可以兩到五年只付利息，所以至少兩年之內這筆物件，完全沒有本息攤的壓力。

半年後，小 V 就覺得怪怪的，因為，一百萬從頭到尾沒用到啊！辛辛苦苦存了一百萬，原本想要拿一百萬去買房子的，結果沒想到全貸買下來了。

怎麼辦呢？

「不然，再去買下一筆算了！」

於是，小 V 又找仲介：「我想要再買第二筆。」

「可是一百萬不是花完了嗎？」

「錯！我第一個一百萬沒用到，我是全貸把它買下來。」

「喔天哪！所以你手邊還有一百萬？」

「對！我想要再買下一筆。」

「OKOK！我再幫你找下一筆。那你第一筆要不要給我賣啊？」

「不行耶，第一筆我租人了，不過，以後如果要賣

會找你。」

　　不到半年，又出現一筆急著賣的物件，剛好此時第一筆房子也出租一年，賣了一百五十萬，賺了五十萬。而第二筆房子又是好運氣的全貸。

　　這時，小Ｖ覺得愈來愈奇怪了，現在，他有一百五十萬的存款，卻已經買了兩筆，賣掉一筆，從頭到尾沒用到這一百萬，莫非，從頭到尾都不需要那一百萬的存款？

　　食髓知味後，小Ｖ又開始買第三筆、第四筆……，差價也愈來愈大，四年後，他的存款竟然逼近五百萬。

五百萬到一千五百萬——
運用別人的錢，貸款買法拍屋物件

存到了五百萬時，小V的心中又覺得怪怪的：「為什麼我一定要透過仲介買呢？」

於是，他決定買法拍屋。

法拍屋是愈拍價愈低，小V看了百來物件後，出現三拍的急賣房。

這次，他透過代書估價，發現，這個物件如果是正常屋，可以貸到五百萬，而現在三拍的賣價卻是五百萬，很明顯的，三拍價是市價的八成以下。

於是，他以五百萬將房子拍下來。

由於法拍屋要卡兩成頭期款，小V又想要創造「不花一毛錢就買房」的歷史，於是，他就告訴五個朋友們：

「我想要買法拍屋，我辛苦一點，負責買跟負責賣，當技術股，由你們出一百萬頭期款。」

五位金主聽了，紛紛問：「我出一百萬頭期款到底有什麼好處啊？」

「有！有好處！我保證十五個月之內會賣掉，在沒賣掉之前，每個月會給你１％的利息，十五個月總共給你１５％利息。」

金主一聽，覺得報酬率挺高的，於是五個人湊齊了一百萬。

於是，他就跟這五個人簽合約，合約上聲明，最慢一年半（十五個月）會賣掉。十五個月之內如果有賣掉，立刻給１５％。如果沒賣掉的話呢？一個月還是給１％。

其中一位頭腦較清楚的金主問：「如果十五個月沒賣掉的話，那怎麼辦？我卡的錢不是沒保障？」

小Ｖ說：「如果十五個月沒賣掉，我就還你們一百萬本金，再加上共十五萬的利息。」

金主們聽了無不嚇到，「你剛才說，十五個月沒賣

掉，你要還我一百萬的本金，加十五萬的利息？」

「對！」

簽完約之後，金主們說，心中還是覺得怪怪的。

「你哪邊覺得怪怪的？」小Ｖ問。

「我擔心，如果十五個月沒賣掉，你哪來的錢還我們啊？」

「別擔心」早有準備的小Ｖ，拿出存款簿，秀出五百萬的存款數字說：「我有存款五百萬，如果十五個月沒賣掉，我就從存款五百萬裡面拿出一百萬來還給你。」

「天哪！原來你有五百萬啊？」金主們顧不得身旁有別人，驚訝的大叫。

「對啊！」

「那你一定還得起我啊！」

「對啊！」

「可是，這不對啊？」

「哪裡不對，你問！」

「你自己有五百萬，為什麼你不自己卡這兩個月的頭期款呢？而且一個月給１％的利息，你不會覺得很貴嗎？１５個月１５％欸！」

「因為，我有一個夢想。」

聽到夢想，大家無不睜大了眼，示意小Ｖ說下去。

「我希望在有生之年，可以買一個三千萬的店面。」

「喔天哪，你志向還不小啊！」其中一位金主的志向，是在有生之年買部跑車，沒想到小Ｖ卻是買三千萬的店面。

「我希望在十年之內，買一個三千萬的店面。我現在已經存了五百萬了，距離三千萬只差兩千五百萬，你們一定要挺我，我才有可能快速存到三千萬。」

於是，金主們都被小Ｖ感動了，而小Ｖ果然也不負眾望，在半年內將房子賣掉，賺了一百萬，將十五萬給金主。

故事看到這裡，你發現了嗎？

小Ｖ，真的是一毛錢都沒花，就拿到了八十五萬。

順利的完成了第一筆法拍屋買賣後，小Ｖ又開始了第二筆，第三筆，每次都找這幾位支持他的金主們包下這兩成的法拍款，過了幾年，真的存到千萬元。

很多人都說，這輩子的夢想是存到一千萬，然後要去環遊世界。等存到一千萬時，已經六十五歲了，此時，因為老了，健康不行了，也就不想環遊世界了。

如果有夢想，請想辦法早日實現它！

一千五百萬以上——
運用別人的錢，貸款買土地

　　數年過去，小V的存款逼近一千五百萬。

　　他決定去買農地。

　　農地，有兩個重點。

　　第一個重點：七百五十六坪以上的農地，其中十分之一可以蓋農舍。簡單來說就是七百五十六坪農地，有75.6 坪可以變建地。

　　建地，從生意人的角度來看，一坪建地可能是農地的五倍價值，所以，買農地一定要買七百五十六坪以上的農地。

　　第二個重點：一定要在馬路旁邊。

　　由於農地不課奢侈稅，從奢侈稅到現在為止，很多

符合上述兩個重點的農地，平均每兩年半漲一倍。

擁有一千五百萬存款的小Ｖ，也不得不去看農地。

看了百筆符合兩項重點的農地後，終於出現了急賣的土地主人：附近一千五百萬以上的農地，這一筆竟然只要市價一千萬，於是，小Ｖ就將它買下來了。

農地與一般房屋最大的不同是，農地不好貸款，只能貸五成，但此時小Ｖ已經晉升為某家小銀行的八百萬VIP，銀行願意讓他貸七成。於是，小Ｖ買一千萬，用VIP貸到七百萬，從頭到尾只卡了三百萬頭期款，但因為以前小Ｖ的金主們存款也不多，這次又是大筆的金額，所以，透過朋友的介紹，小Ｖ直接找上一位金主。

「如果你願意幫我卡三百萬的農地的頭期款，因為很多農地是２.５年會賺一倍，我們不用賺１００％，只要一年半就把它賣掉，賺２０％就好，如果你們願意出三百萬，我每個月利息１％，如果十五個月沒賣掉的話，除了還你三百萬以外，還給你們15%四十五萬的利息。」

「OK，你保障得很徹底，平均一個月有１％，提早

賣掉也拿 15％，而且十五個月沒賣掉，還還我三百萬加四十五萬利息。可是我有個問題，如果十五個月你沒賣掉，你哪來的錢還給我？」

此時，小Ｖ再度拿出「拿存款簿」，也再次說出他的三千萬店面夢想，得到了金主的認同。

這次，在一年左右，小Ｖ就賣掉了農地，賺了兩百萬。去掉給金主四十五萬，小Ｖ不花一毛錢，就拿到了一百五十萬。

如此多次進行後，小Ｖ的存款愈來愈多，也實現了他買店面的夢想。

故事說完了，你以為這真的只是「故事」嗎？

實際上，真的有這樣的人存在，不是他運氣好，而是他懂得用錢的方法，同時，他也的確只買低於市價的地，並且不貪心，賺２０％就出場，於是從第一桶金到中古屋到法拍屋，再到農地買賣，為自己圓了夢。

未來十六年要做的事

PS：1. 未來四到八年的藍圖
　　　2. 說和做進行分離

經過的時間

第零年

壹、右腦開發（成功日記）
貳、資產配置（存10～30%和每月實際存一萬以上）
　　只要說給身邊六個人聽就好

第四年

壹、建立1到3個事業體
貳、每天為自己工作4～8小時左右
參、理想中每月擁有20到30萬的營業收入
肆、企業家資產配置（4年制）

經過的時間

第八年

壹、有錢人的開始年（存款千萬和每月20到30萬收入）
貳、請書僮（吸收過去五千年的知識，讓自己不要歷史重演）
參、傳統產業e化
　　（設網路行銷，上大量課程、快速收集最新最貴影片）
　　（外包）（新加坡亞洲行的例子）（買多媒體播放盒）

| 花錢買通路 | 終身複習 | 舉王建民的例子 |

第十二年

壹、5到15個事業體
貳、印鈔機（擁有自己的貨幣）

第十六年

壹、存款三億
貳、每月千萬
參、每天工作2到3小時看財報（和猶太教練看財報）
肆、非工資收入每月333萬以上

「人無遠慮，必有近憂。」如果你什麼都沒有，接下來我要說的，就是你未來十六年要完成的事情。

首先，請將第零年的「壹」，及第四年，第八年，十二年，十六年的「壹」圈起來——這些是最重要的。

寫成功日記

零年的壹是右腦開發，也就是寫成功日記。

多年前，我曾經上過超級講師林偉賢老師的課，這之後，就開始寫成功日記，至今足足九年。

因為有足夠的經驗，我可以在這裡大聲的說：「維持寫成功日記的習慣，有很大的好處。」

成功日記和一般的日記有很大的不同。

成功日記分為兩個部分，第一部分是：把你不知道的事情寫下來。

假設你不知道什麼叫「先估貸款再出價」，後來認識我之後知道了，那麼，第一條就寫：「原來先估貸款再出價，可以改變一家五口的一生」。

再看到這本書，你才知道，原來成為銀行 VIP，可以貸到更高成數的款。於是，你在成功日記上的第二條也寫上：「成為 VIP 可以貸八成五到九成五」。

由於大多數的人只有寫才會記得牢，只要每天寫成功日記，一年記錄五條重點，大約四年，就會「聰明的離譜」！

成功日記有公式

那成功日記有一個公式：盡量寫與錢有關的事情。

為什麼是錢？因為要生存，錢是最基本的，沒錢萬萬不能，所以，成功日記主要是記錄與錢有關的事情。

成功日記，要從筆記本的第一頁開始寫。至於最後一頁開始，寫的則是與家庭、感情，或時間、健康有關的內容。

當你一天可以寫到五條與金錢相關重點，每寫九十天（相當於四百五十條）時，就要將其中的九十條挑出來，開始講給身邊的六個人聽，經過二到四年後，你會

發現自己與數年前有著明顯的不同，你，變得更有錢商了，顯現於外，很可能會變成有錢有名的人。

督促，有方法

聽起來，寫成功日記並不難，但「堅持」不間斷的寫，就跟減肥後不復胖，一樣的難。

為了讓自己更能持續落實寫成功日記，我在網路上跟所有的網友說：「只要想認識我，我就會給你我的電話號碼，你可以打電話來問任何問題，我都會盡可能回答你的問題。」結果，真的有很多人打電話來問我各種與成功日記相關的事，我也很無私的回答。

接著，每個禮拜二（包含過年期間），我都會辦投資客聚會，只要有人願意來，不管有沒有發問問題，我都會將這七天蒐集到最新的問題，告訴來聚會的人，並將大家教會。

因此，每天，我都將透過電話及參加聚會的人所問的問題寫下來——與錢有關的寫在前面，與錢沒關的，

就從後面開始寫。

這樣寫了快兩年多時，一位Ｓ小姐在聽我演講之後，她說：「不可思議啊，為什麼你有辦法你講的東西都是我們要的？」

原因無它，就是：１、寫成功日記；２、分享成功日記上的金錢祕密。

你會發現，當你願意分享給大家時，聽眾也會自動將他們的金錢祕密告訴你，這樣子愈累積愈多時，就可以從中找到在同一個主題中，最強的祕密。

比如：法拍屋的祕密、中古屋的祕密、額度的祕密、預售屋的祕密、有錢人的祕密……等，非常的多。

當你知道了最強的祕密時，就會吸引更多人，甚至有人訪問我，將我的成功日記出成書。

這，就是成功日記的優勢。

成功日記相當於「拋玉可以引磚，拋磚也可以引玉」，只要你願意一直分享給身邊的六個人聽，有一天，將會有大量的祕密灌到你的成功日記裡。

寫成功日記不但讓我出版了暢銷書，也讓我學到了超高等級的金錢祕密，更棒的是，身邊有無數的人才。

三國時代，袁紹拚命的搶地盤，整個中國北部幾乎都是被他搶走。

曹操呢？他不搶地盤，而是拚命的搶人才，最後兩個人打仗的時候，明明袁紹八十萬的軍隊，比曹操八萬的軍隊多出太多，最後成功的人竟然是曹操，所以，**蒐集人才者，威力恆強。**

現在，你學會了嗎？

趕快拿出筆記本，一天寫五條重要的金錢消息，每九十天整理一次，無私的講給身邊的六個人聽，再多辦一些聚會，回答別人的問題，原則上不出三年，就會有不可思議的東西在你身上發生喔！

建立三～五個事業體

當額度來到了三～五百萬，就要有自己的事業體。

為別人賣命是有天花板的，一個月薪水頂多五到十

萬就極限，升不上去了，然後還要擔心老闆找更新的人來取代。或者老闆只要說「破產」，再脫殼變成一家全新的公司，倒楣的都是老員工。

替人家賣命，是撐不久的，一定要留一些能量替自己賣命。

所以，當你的額度來到了三、五百萬，可以開始自己的事業體。

這些事業體：一、預售屋；二、中古屋；三、做生意；四、擴大額度；五、蒐集人脈。

同時，增加名氣也很重要，一定要累積你的名氣品牌，當品牌到某種效度的時候，會像可口可樂一樣產生十倍的效用，所以，非常建議大家一定要想辦法增加自己的名氣（比如出書），累積你的名氣流，未來幫助將會非常的大。

學習有錢人的思維

第八年的第一項，只要你是存款多，例如一千萬，

或是你收入有二、三十萬，就進入了有錢人的門檻，此時，該怎麼做呢？

數年前，二十幾歲的Ｎ小姐與我約見面。

聽完了她的故事，我只能說～妙！

每次見面都帶著心愛的狗狗出門的Ｎ小姐，是企業家二代的女兒，她說的故事，讓我知道企業家第二代是如何一塊都不花，就能累積巨大財富。

「你知道為什麼我爸爸要買在信義計畫區，買一個一億的房子嗎？」

對啊！你們家那麼有錢，一個月管理費就二十幾萬，我們一般人怎麼繳得起管理費對不對？管理費還有相關的傭人，喔天啊！一個月加起來可能二、三十萬，我們小老百姓，光是二三十萬的那些管理費跟傭人費用，加起來就付不了了，對不對？你們是有錢人當然要享受。

「請問，你爸爸是作什麼行業，為什麼可以賺那麼多錢？」

「老師，你的問法一開始都錯了！」

「什麼意思？」

「我爸爸在信義計畫區買了一億的房子。」

「對啊，你剛剛有說了。」

「每年會漲１０到２０％，最少漲１０％」明年這時候，就變一億一千萬，就漲一千萬對不對？我爸爸就從一億一千萬裡面，最少可以貸六到八成，因為是 VIP 可以貸八成，就從一億一千萬裡面，原本一億變一億一千萬，從這多的一千萬，再借出八百萬拿去周轉。」

「喔！天啊！跟我想的完全顛倒。」我傻眼了。

「本來就跟你想的顛倒，我們買信義計畫區的房子是因為錢不夠用，所以才買那邊。」

「天啊！你再講一遍！」我要確定我聽的沒有錯。

「我們買信義計畫區的房子，是為了從裡面調出錢來。」

「真的，跟我的想法完全顛倒，我以為你爸爸買那間房子是要享受？！」

「本來就要享受啊，享受的同時，還是要把錢再調出來。」

所以，N小姐的爸爸，一年可以調出八百萬的房貸，一個月才花二、三十萬，一年三百萬，八百萬減三百萬，還有五百萬！

「那些傭人看到我們就跟看到神一樣，那些管理人員看到我們，跟警衛看到我們跟神一樣，他不知道我們每年，可以調出八百萬，扣掉三百萬，還有五百萬可以調度，光是每年可以調五百萬，我們的企業就很難倒。」

「喔！天啊！你們有錢人的想法果然異於常人啊！」難怪企業家會愈來愈有錢，他們絕對不會把一億放著，眼睜睜看它貶值。

所以，像N小姐爸爸這樣的有錢人，會愈來愈有錢，就是因為他們根本不肯拿出錢來，但一般人看有錢人，心中會想：「喔！天啊！我要是一個月可以亂花二、三十萬去繳管理費請傭人的話，我也可以像他們一樣那麼囂張啊！」

結果，完——全——顛——倒！

他們，是因為金錢到某一種程度，很容易可以套利，就不用做事就可以永保榮華富貴——除非出現敗家子。

你一定聽過「有錢人要變有錢很容易」，聽了Ｎ小姐的故事，我切切實實的知道，有錢人的關鍵就在於「額度」。

為了保有額度，花一點兒錢是ＯＫ的，所以，你只要跟有錢人做一樣的事情，你就可以變有錢，但是不是亂花錢，不是要你用現金買豪宅，然後請傭人，而是要你知道有錢人力量的來源。

從多個事業體到三億

知道了有錢人的故事，讓我們再回到「未來十六年要做的事」。

第十二年的第一項，是要有五到十五個事業體，當事業體愈來愈多，就會由數量變成「值」，此時，自己就是印鈔機——印自己的貨幣。

比如 Sogo 印了一百億的禮券，抵押給遠東銀行，借七十五億，去把同業全部吃下來，也把自己救起來。

當你有自己的鈔票時，又有好幾個事業體時，你將會發現，存到三億，一點兒也不難！

超級祕密

當貨幣失控時

近來，小部分國家或因政治或因經濟出現貨幣失控的情況。

也讓人不禁想：萬一臺灣也出現貨幣失控，該怎麼辦？

讓我來舉幾個例子。

辛巴威發生貨幣失控時，原本一個月收入是三萬塊，幾個月之後，收入變成六萬塊，但還是只能買當初三萬塊的東西——套句經濟學用語，也就是「貨幣貶值一倍」。

再過幾個月，人民發現貨幣失控的更離譜了，每個人都可以領九萬塊的薪水，可是還是只能買市價三萬塊的東西……

如果是我，當貨幣失控一倍的時，我會不計任何代價，將所有可以借的錢借出來，例如把車子拿來借貸，房子用 VIP 方法借房貸，向銀行借信貸、借企業信貸出來。

假設，總共借了一千萬的臺幣，將這一千萬用來買黃金，假設最後買了十公斤的黃金，當貨幣真的失控到無法控制時，

這個國家的貨幣是不用還的（因為變廢紙），而你就有十公斤的黃金。

此時，可以去任一個國家開的公營當鋪，將十公斤的黃金當著，質借八成出來，所以十公斤的黃金可以借出八百萬臺幣出來；再將八百萬臺幣買黃金，就有十八公斤的黃金，身價變成一千八百萬，且最後，貨幣是因為大失控而不用還。

所以，善用貨幣失控，將錢想辦法換成以後會大增值的東西，會讓人擁有重大優勢。

學校老師沒教的賺錢祕密

作　　　者／王派宏、林茂盛
出版經紀人／廖翊君
美 術 設 計／申朗創意
企畫選書人／賈俊國

總　編　輯／賈俊國
副 總 編 輯／蘇士尹
行 銷 企 畫／張莉榮・廖可筠

發　行　人／何飛鵬
出　　　版／布克文化出版事業部
　　　　　　臺北市中山區民生東路二段 141 號 8 樓
　　　　　　電話：(02)2500-7008 傳真：(02)2502-7676
　　　　　　Email：sbooker.service@cite.com.tw
發　　　行／英屬蓋曼群島商家庭傳媒股份有限公司城邦分公司
　　　　　　臺北市中山區民生東路二段 141 號 2 樓
　　　　　　書虫客服服務專線：(02)2500-7718；2500-7719
　　　　　　24 小時傳真專線：(02)2500-1990；2500-1991
　　　　　　劃撥帳號：19863813；戶名：書虫股份有限公司
　　　　　　讀者服務信箱：service@readingclub.com.tw
香港發行所／城邦（香港）出版集團有限公司
　　　　　　香港灣仔駱克道 193 號東超商業中心 1 樓
　　　　　　電話：+86-2508-6231 傳真：+86-2578-9337
　　　　　　Email：hkcite@biznetvigator.com
　　　　　　馬新發行所／城邦（馬新）出版集團 Cit　(M) Sdn. Bhd.
　　　　　　41, Jalan Radin Anum, Bandar Baru Sri Petaling,
　　　　　　57000 Kuala Lumpur, Malaysia
　　　　　　電話：+603- 9057-8822 傳真：+603- 9057-6622
　　　　　　Email：cite@cite.com.my
印　　　刷／卡樂彩色製版印刷有限公司
初　　　版／2014 年（民 103）07 月
初 版 8.5 刷／2015 年（民 104）04 月
售　　　價／280 元

城邦讀書花園　布克文化
www.cite.com.tw　www.sbooker.com.tw

你有資格擁有你想要的人生，
從此刻開始為你揭開**富人的腦袋！**

當個掌握**80%**財富的人必要的條件

- ✓ 擁有財務教練
- ✓ 接受比你富有的人的建議而非父母的建議
- ✓ 堅持不斷的學習
- ✓ 人脈
- ✓ 努力執行目標及夢想

想實際感受派宏老師的演講魅力？
唯一榮獲國內知名理財雜誌及蘋果日報雙重推薦房地產講師
你絕對不能錯過最新的賺錢秘密，讓您提早達成財富自由!!!

只要購買此書　即可**免費**參加理財講座乙次

報名參加您可以獲得

- · 最新賺錢秘密講義乙份
- · 在房市反轉時如何買到零頭期款的物件
- · 降低物價指數的方法
- · 快速的存到第一桶金
- · 有錢人究竟是如何和銀行合作投資

快上Facebook搜尋<學校老師沒教的賺錢秘密>查詢最新全台灣上課時間及地點，擁有16萬粉絲，
全台最大的財商團體，不定期分享最新的理財方法，您還在猶豫嗎??快加入我們吧!!!!!

facebook.

學校老師沒教的賺錢秘密　🔍